Elisabeth Dreisbach, ... aber die Freude bleibt

ELISABETH DREISBACH

. . . aber die Freude bleibt

Lebenserfahrungen aus zwei Jahrzehnten

CHRISTLICHES VERLAGSHAUS GMBH
STUTTGART

Bücher, die dieses Zeichen tragen, wollen die Botschaft von Jesus Christus in unserer Zeit bezeugen.

ABCteam-Bücher erscheinen in folgenden Verlagen:

Aussaat- und Schriftenmissions-Verlag Neukirchen
R. Brockhaus Verlag Wuppertal
Brunnen Verlag Gießen (und Brunnquell Verlag)
Christliche Verlagsanstalt Konstanz
(und Friedrich Bahn Verlag / Sonnenweg-Verlag)
Christliches Verlagshaus Stuttgart
(und Evangelischer Missionsverlag)
Oncken Verlag Wuppertal

Gesamtherstellung: Druckhaus West GmbH, Stuttgart
ISBN 3-7675-2540-2

»Schreiben Sie immer noch?« Wie oft ist mir in den letzten Jahren diese Frage gestellt worden. Und bis jetzt konnte ich sie immer mit einem freudigen Ja beantworten. Wenn ich neuerdings aber hinzufüge, ich arbeite augenblicklich an meinem achtzigsten Buch, und danach will ich endgültig aufhören, kann es vorkommen, daß man mich ungläubig ansieht.

»Haben Sie das nicht schon vor zehn Jahren gesagt? Ich meine mich zu erinnern, daß Sie nach Ihrem 70. Geburtstag der festen Überzeugung waren, jetzt sei es Zeit, mit der schriftstellerischen Tätigkeit aufzuhören.«

Ich senke schuldbewußt die Augen. »Ja, Sie haben recht. Man sollte so etwas nicht äußern und danach doch weitermachen.«

Lachend erwidert mein Gegenüber: »Wir haben es damals nicht geglaubt und glauben es Ihnen auch heute nicht. Wie können Sie aufhören? Schreiben ist doch Ihr Lebenselement.«

Ja, so ist es. In den 52 Jahren, in denen ich schriftstellerisch tätig bin, habe ich dies mit wachsender Freude getan; und je länger desto mehr wurde mir bewußt, welch eine große Verantwortung ein christlicher Autor gegenüber seinen Lesern hat.

»Sie schreiben in erster Linie über Frauenschicksale«, meinen viele. Ja, das stimmt. Aber nicht nur, auch Jugend- und Kinderbücher habe ich verfaßt. Natürlich habe ich viele Frauenschicksale geschildert und tat es besonders für die im Lebenskampf stehende Frau, die am Abend oder wann auch immer eine freie Stunde erübrigen kann – und dann oft zu müde und abgekämpft ist, um sich mit großen Problemen zu befassen.

Aus diesem Grund war es mir wichtig, einfach und allgemein verständlich zu schreiben, um meinen Lesern Hilfe, Trost und Ermutigung weiterzugeben. Viele Leserbriefe bestätigen mir, daß ich verstanden worden bin. Weil meine Bücher ihren Ursprung im wirklichen Leben haben, werden sie auch von vielen bejaht. Nicht nur Frauen, auch Männer lesen sie.

»Wollen Sie damit sagen, daß Sie alles, was Sie schreiben, selbst erlebt haben?« Nein, das kann gar nicht sein. Aber irgendein Erlebnis liegt jedem Buch zugrunde. Viele Menschen, deren Schicksale ich schildere, sind mir begegnet. Natürlich mußte ich in der Darstellung Veränderungen vornehmen, indem ich ihnen einen anderen Namen gab, sie an einen anderen Ort versetzte, den Ablauf der Ereignisse veränderte und manches wegließ oder anderes hinzufügte. Ich darf nicht so schreiben, daß der Betreffende sich in meiner Schilderung wiedererkennt und dadurch möglicherweise schockiert wird.

»Empfindet man deshalb Ihre Bücher so wirklichkeitsnah, weil sie letztlich dem Leben entnommen sind?« Ja, ich glaube, daß es so ist.

»Und Sie behaupten wirklich, daß dieses Buch, an dem Sie jetzt schreiben, Ihr letztes ist?« Behaupten? Ich habe wirklich vor, jetzt aufzuhören, obwohl ich genau weiß, daß mir irgend etwas Wesentliches fehlen wird, wenn ich längere Zeit nicht an einem Manuskript arbeite. Bitte vergessen Sie nicht, daß meine Kräfte nachlassen. Ich bin immerhin über achtzig Jahre alt. Meine Sehkraft ist schwächer geworden. Ich höre nicht mehr so gut wie früher. Arthritis macht mir sehr zu schaffen.

»Aber an Stoff würde es Ihnen nicht fehlen?« Nein, das Leben selbst bietet unaufhörlich spannendsten Stoff. Ich habe es immer – und je länger desto mehr – als eine wunderbare mich selbst beglückende Aufgabe empfunden, schreiben zu dürfen. Jedes Buch habe ich wie eine Geburt erlebt. Irgendwann wurde die Saat in mich gelegt. Sie keimte und wuchs. Das Buch nahm, noch ehe ich daran zu schreiben begann, in mir Form und Gestalt an. Ich trug es gleichsam in mir. Ich lebte mit diesem Buch, längst ehe es gedruckt war. Und während ich daran arbeitete, entwickelte es sich immer weiter und machte mich glücklich. Jedesmal, wenn ich eines meiner Bücher beendet hatte, trennte ich mich nur schwer von ihm. Immer, wenn ich die letzte Seite geschrieben hatte, habe ich eine Weile ganz still meinem geistigen Kind nachgesonnen. Nun geht es hinaus »in die Welt«. Was wird es erreichen? – Ja, es wird mir fehlen, nicht mehr schreiben zu können. Aber auch an einer solchen Stelle ist die Bereitschaft notwendig loszulassen, sich von dem zu trennen, was man liebt.

Im Rückblick auf die über fünfzig Jahre kann ich Gott nicht genug danken für den Lebensauftrag, den er mir gegeben hat. Aus der Gabe wurde eine Aufgabe.

Nichts, was ich weitergab, gab ich von mir.
Es war mir alles erst von Gott gegeben.
In überschwenglich reichem Maß
erfüllt' mit Gnade er mein Leben.
Und aus der Gabe wurde Auftrag mir.
Und dieser wieder machte reich mir meine Tage.
Was kann ich Bessres tun, als daß ich stets
für solches Nehmen, Geben Dank ihm sage!

Als ich dieses Buch noch mit Heinz Schäfer, dem in den Ruhestand getretenen Verlagsdirektor, durchsprach, waren wir sehr schnell bei der Frage des Titels.

»Wie soll Ihr neues Buch heißen?«

»Freuen müßte man sich können!«

»Der Titel könnte mir gefallen.«

»Ich aber bin irgendwie unsicher geworden.«

»Inwiefern?«

»Sie waren doch immer der Meinung, man sollte möglichst keinen negativen Titel wählen. ›Freuen müßte man sich können‹ – das besagt doch, daß man es im Grunde nicht kann. Ist dann dieser Titel nicht doch negativ?« Herr Schäfer sah mich nachdenklich an.

»Wahrscheinlich haben Sie recht. Vielleicht sollten wir einen Titel suchen, der unzweideutig positiv ist. – Geben Sie mir doch bitte Ihre Bibel.«

Er wußte, daß ich immer wieder gerne Bibelworte als Titel

für meine Bücher gewählt hatte. Wir waren übereingekommen, daß dieses neue Buch gewissermaßen eine Fortsetzung meiner Autobiographie »... als flögen wir davon« werden sollte. So war es naheliegend, auch diesmal ein Wort aus dem 90. Psalm, dem ich den Titel meiner Autobiographie entnommen hatte, zu wählen.

Der Direktor blätterte in der Bibel und fuhr fort: »Hier hätten wir etwas Passendes: Fröhlich unser Leben lang!«

Ich wiederholte nachdenklich das Wort: »Fröhlich unser Leben lang.«

»Ja«, stellte ich erfreut fest, »das ist wirklich etwas Positives.«

Wir einigten uns auf diesen neuen Titel.

Und nun sitze ich hier und bin aufs neue unsicher geworden. Mir kommt das Lied in den Sinn, das wir vor Jahren im Kindergottesdienst gesungen haben: »Immer fröhlich, immer fröhlich, alle Tage Sonnenschein. Voller Schönheit ist der Weg des Lebens, fröhlich laßt uns immer sein.«

Als Kind sang ich dieses Lied laut und unbekümmert. Doch im Laufe der Jahre, nachdem auch in meinem Leben Krankheiten, Enttäuschungen, Kummer und Sorgen nicht ausblieben, veränderte sich mein Verhältnis zu diesem Lied. Ich konnte einfach nicht mehr so selbstverständlich singen: »Immer fröhlich, alle Tage Sonnenschein.« Das stimmte doch nicht! Es gab nicht alle Tage Sonnenschein. Wieviel Leid und Anfechtungen, Kämpfe und Glaubensproben gibt es. Es ist ein Unterschied, ob ich ein unbekümmertes Kind bin oder ein im Lebenskampf stehender Erwachsener.

Für welchen Titel sollte ich mich nun entscheiden? »Fröhlich unser Leben lang« oder »Freuen müßte man sich können«? Oder für einen noch ganz anderen? Ich werde mich erst im Laufe der Arbeit an diesem Buch festlegen können.

Eine Fortsetzung meiner Biographie? Irgendwie konnte ich mich mit diesem Gedanken nicht so ganz befreunden. Bisher war ich der Meinung gewesen, daß man seine Biographie nicht in Etappen, sondern nur einmal schreiben könne, nämlich dann, wenn man alt geworden ist. Als ich vor mehr als zwanzig Jahren an meinem Buch »... als flögen wir davon« arbeitete, hatte ich das Empfinden, ich käme gewissermaßen zu einem Abschluß. Nicht daß ich damals lebensmüde gewesen wäre. Aber immerhin lag mein sechzigster Geburtstag bereits hinter mir. Allerdings hat man mich danach immer wieder gebeten: »Schreiben Sie doch für Ihre Leser Ihre weitere Lebensgeschichte. Sie haben so viel Interessantes und Wichtiges, vor allem im Dienst für Gott und an den Menschen, erlebt, daß Sie das nicht für sich behalten sollten.«

Also eine Fortsetzung von »... als flögen wir davon«. Tatsächlich wird kaum eines meiner Bücher so viel gelesen wie dieses. Ich selbst nehme es gelegentlich zur Hand und lese hier ein Stück und dort wieder eins. Ich vertiefe mich noch einmal in den Anfang und blättere dann in den letzten Seiten. Je länger desto mehr erkenne ich, wie wunderbar die Führungen Gottes in meinem Leben waren. So heißt es auf der ersten Seite: »Von den Führungen Gottes will ich in diesem Buch vor allem reden, nicht von dem, was ich selbst erlebt oder gar geleistet habe...« Ich lese von den fröhlichen Kindheitserinnerungen im Zusammenleben mit meinen drei Brüdern, vom Dienst für Gott, in dem meine Eltern als Offiziere der Heilsarmee standen – von ihrer Hingabe und Opferbereitschaft, ihrer freiwilligen Entscheidung, auf persönlichen Besitz zu verzichten, keinen Alkohol anzurühren und sich ganz für die Ärmsten der Armen einzusetzen. Ich begleite meine Eltern in Gedanken auf ihren Wegen in die Gefängnisse, wo sie sich um die Strafgefangenen kümmerten. Ich erlebe beim Lesen meinen Vater, diesen großen, stattlichen Mann, der in Hamburg die erste Obdachlosenbetreuung der Heilsarmee ins Leben rief und den Heimatlosen ein Zuhause schuf. Ich höre meine kleine, zierliche Mutter, die über eine große Redegabe verfügte, wie sie vor vielen Menschen in den Räumen der Heilsarmee, auf Freiversammlungen wie in großen Sälen voll innerer Überzeugung sprach, so wie es die Männer und Frauen der Heilsarmee heute noch tun.

Wie wunderbar, daß es uns Menschen möglich ist, Bilder der Vergangenheit wieder lebendig werden zu lassen. Ich lese in meiner Autobiographie von ernsten Krankheitszeiten, die ich durchzustehen hatte – von schweren Wochen, Monaten, Jahren. Für mich, das temperamentvolle, mit Plänen und Ideen erfüllte Mädchen, war das nicht leicht. Doch gerade diese Zeiten prägten und formten mich wie keine anderen.

Ich erzähle in diesem Buch von Berufswahl und Ausbildung, von einer klaren inneren Berufung zum Dienst für Gott. Ich rufe Städte und Menschen in meine Erinnerungen zurück. Ach, wie reich an Erlebnissen war doch mein Dasein! Und immer wurde es mir geschenkt, Aufgaben zu erfüllen, die meiner Neigung und Begabung entsprachen. Auch mich hat es immer wieder zu den Hilfsbedürftigen hingezogen, vor allem zu Kindern, Alten und Schwachen.

Ich blättere weiter in meinem Buch. Nach Kriegsende darf ich 1946 ein Flüchtlingskinderheim eröffnen. Nie hätte ich früher gedacht, einmal keine eigenen Kinder zu haben, und dann wurden es im Laufe der Jahre über eintausendfünfhundert Jungen und Mädchen, die mich »Mutti« nannten.

»Was für ein reiches Leben liegt hinter Ihnen«, haben mir manche gesagt, nachdem sie meine Autobiographie gelesen hatten. Ja, es ist wahr: Es war ein erfülltes Leben. Zwar fehlte es darin auch nicht an persönlichem Leid, an bitteren Erfahrungen, Enttäuschungen und Sorgen. Ich habe es aber nie bereut, mein Leben unter die Führung Gottes gestellt zu haben. Ich selber mußte manchen Wandel erleben, aber Er, der Herr, bleibt derselbe gestern, heute und wird es auch in Ewigkeit sein – Er, Christus, der Treue, Unwandelbare, in allen Situationen Zuverlässige.

Auf der letzten Seite meines Buches »... als flögen wir davon« heißt es: »Wo sind sie geblieben, die Jahre? Sie sind vergangen wie ein Traum. Nein, kein Traum, sondern ernste und doch wunderbare Wirklichkeit sind sie gewesen, und ich habe rückblickend nichts anderes zu tun, als zu danken.«

Damals dachte ich wirklich, daß mit meiner bisherigen Lebensbeschreibung ein Abschluß gefunden sei. Sechzig Jahre – das war doch schon ein ganz schönes Alter. In den vorausgegangenen schweren Krankheitszeiten hatte ich nie gewagt, mir vorzustellen, daß ich einmal so alt werden könnte. Darum war ich geneigt, den Kindern meiner Freunde, mit denen ich gemeinsam in der Arbeit des Christlichen Erholungsheims Berghaus St. Michael stand, recht zu geben. Damals besaß ich einen kleinen Dackel, den wir alle sehr gern hatten. Die Kinder, in jener Zeit vier und fünf Jahre alt, baten mich: »Omi, schenk uns doch deinen Dackel!«

Meine Antwort lautete: »Ach, laßt ihn mir noch, bis ich gestorben bin, dann sollt ihr ihn haben.« Darauf meinte das fünfjährige Mädchen: »Das dauert noch so lange, bis du stirbst, Omi.« Ihr Bruder aber war der Meinung, ich sei schon so alt, daß ich bestimmt bald sterben würde.

Das liegt nun schon zwanzig Jahre zurück. Damals hätte ich mir nicht vorstellen können, daß ich meinen achtzigsten Geburtstag erleben würde.

Wenn ich mich entschließe, weiter zu berichten, dann nur deshalb, um aufs neue die wunderbaren Führungen Gottes in meinem Leben zu bezeugen. Es lohnt sich in der Tat, sein Leben der Führung Gottes zu unterstellen.

So beginne ich nun mit der Fortsetzung meiner Lebensbeschreibung. Auch in diesem Buch werde ich von Menschen erzählen, durch die mein Dasein bereichert wurde. Ich denke an interessante und auch originelle Begegnungen wie zum Beispiel an diese:

»Blendend sehen Sie aus!« sagte eine Dame, die als Gast in unser Haus gekommen war. »Sie haben sich in den etwa 18 Jahren seit unserer ersten Begegnung überhaupt nicht verändert.« Das war vielleicht gut gemeint und sollte eine Art Kompliment sein. Doch wie reagiert man auf eine solche übertriebene Äußerung, die ja in keiner Weise der Wirklichkeit entspricht? Ich antwortete spontan: »Das kommt daher, daß ich so glücklich verheiratet bin.«

»Ja«, fuhr die redefreudige Dame fort, »das haben wir damals gehört und uns sehr gewundert, daß Sie noch so spät geheiratet haben.«

»Ich auch!« antwortete ich prompt und fühlte mich nicht veranlaßt, weitere Erklärungen darüber abzugeben.

»Aber wirklich«, beeilte sich die Frau noch einmal zu versichern, »Sie sind genauso geblieben, wie Sie waren.« Ihr mochte in diesem Augenblick wohl klar geworden sein, daß ihre vorige Äußerung etwas unpassend gewesen war. Schließlich ging es doch niemand etwas an, ob und wann ich mich verheirate.

»Und jetzt wohnen Sie mit Ihrem Mann wieder hier oben im Berghaus?« fragte sie weiter.

»Ja, schon bald wieder drei Jahre. Und wir sind sehr gerne hier, wo ich achtzehn Jahre tätig gewesen bin. Mein Mann und ich sind glücklich darüber, in diesem Haus und Werk trotz unseres Alters noch Aufgaben erfüllen zu können.«

»Sind Sie nicht bereits achtzig Jahre alt?«

»Im dreiundachtzigsten Lebensjahr bin ich.«

Die gesprächige Dame musterte mich von oben bis unten. »Ich muß es noch einmal bestätigen: Gut sehen Sie aus, immer noch stattlich und ansehnlich!«

Ich mußte diesem Gespräch schließlich ein Ende bereiten und sagte darum: »Nun darf ich Sie bitten, mit mir ins Büro zu kommen. Dort ist jemand, der Sie in Ihr Zimmer führen wird.«

Lachend erzählte ich meinem Mann von dieser Unterhaltung. Er sah mich prüfend an. »In achtzehn Jahren nicht verändert? – Aber gut siehst du trotzdem noch aus. Darin hat die Dame recht. Und so, wie du bist, gefällst du mir noch immer, ja, mit jedem Tag besser.«

»Auch wenn ich jetzt am Stock gehen muß?«

»Als wenn das an meiner Liebe zu dir etwas ändern würde.«

»Du Guter, ich danke dir!«

Als wir dann in unserem Wohnzimmer gemütlich beieinander saßen, nahm ich das Gespräch noch einmal auf. »Weißt du, als diese Frau, die glaubte, mir ein solches Kompliment machen zu müssen, mich das letzte Mal gesehen hat, war ich bereits sechzig Jahre alt. Eigentlich ist es dann doch lächerlich zu behaupten, ich hätte mich überhaupt nicht verändert. Stell dir vor – in solch einem langen Zeitraum.«

»Du darfst ihre Worte nicht auf die Waagschale legen«, erwiderte mein Mann, der die schöne Angewohnheit hat, Abwesende möglichst zu verteidigen. »Gewiß hat sie gemeint, in deinem Wesen, in deiner ganzen Art bist du dieselbe geblieben.«

»Das hätte sie kaum in den kurzen Augenblicken feststellen können. Ganz spontan rief sie es aus, als sie mich begrüßte.«

»Nun ja, sie wollte dich mit solch einer Feststellung sicher erfreuen!«

Eine Weile war es zwischen uns beiden still. Dann begann ich noch einmal: »Es wäre im Grunde genommen doch schlimm, wenn man sich im Laufe so vieler Jahre nicht auch in seiner Art verändert hätte. Natürlich auch äußerlich. Ich brauche nur einen Blick in den Spiegel zu werfen, dann weiß ich alles. Was sagt unser Arzt immer, wenn ich über Schmerzen in den Knien und über andere Gelenkbeschwerden klage? ›Mangel an Jugend‹. Dazu kommt, daß ich schlecht höre. Auch meine Augen haben sehr nachgelassen.«

»Das alles hat aber die Dame bestimmt nicht gemeint, sondern deine herzliche, natürliche Art, die du dir in all den Jahren erhalten hast.«

Ich blickte meinen Mann lächelnd an: »Du verstehst es, zu trösten.«

»Bist du etwa trostbedürftig?«

»Manches Mal schon, wenn ich unzweideutig feststellen muß, daß meine körperlichen Kräfte nachlassen.«

»Aber das geht uns doch allen so. Ich glaube, es ist wichtig, dazu ein bewußtes Ja zu finden und nicht nur das zu sehen, was man nicht mehr wie in früheren Jahren leisten kann, sondern für alles dankbar zu sein, worüber man sich noch freuen kann.

Denk doch, welch gutes Gedächtnis du noch hast und daß es dir möglich ist, bis zum heutigen Tag schriftstellerisch tätig zu sein. Auch daß man dir immer wieder Gelegenheit gibt, hier im Hause für die Gäste oder bei Gemeindebesuchen eine Andacht zu übernehmen.«

»Ja, dafür bin ich auch dankbar. Aber gerade bei solchen Anlässen, wie etwa beim Schreiben eines neuen Buches oder wenn ich einen Vortrag oder eine Andacht halte, wird mir deutlich, wie wichtig es ist, daß meine Zuhörer oder Leser erkennen, daß ich nicht auf dem geistlichen Stand von vor zwanzig oder dreißig Jahren stehengeblieben bin. Es hat mich richtig gefreut, als mir jemand vor ein paar Jahren sagte: ›Mit jedem Buch, das Sie schreiben, merkt man mehr, daß Sie innerlich reifen.‹«

»So ist es«, erwiderte mein Mann, »und so muß es auch sein!«

»Erinnerst du dich an Frau Karl, die vor einiger Zeit bei uns war? Es sind bestimmt vierzig Jahre her, daß ich ihr zum ersten Mal begegnete. Sie ist ein lieber, aufrichtiger Mensch. Aber immer wieder, wenn ich mit ihr zusammenkomme, frage ich mich, woran es liegen mag, daß Sie immer noch wie früher in ihrer Art fast kindlich, manchmal sogar kindisch wirkt. Dabei ist sie in ihrem Beruf gut zurechtgekommen, wenn man davon absieht, daß manch einer sie heimlich belächelt hat. Mir kommt es vor, als sei sie in ihrer geistigen, vielleicht auch in ihrer geistlichen Entwicklung stehengeblieben.«

»Vielleicht hat es im Leben von Frau Karl an der nötigen Korrektur gefehlt.«

»Das könnte wohl sein. Ihr Vater war Chef eines großen Unternehmens. Sie blieb das einzige Kind und wurde sehr verwöhnt. Alles drehte sich nur um sie. Vielleicht meint sie, das müsse heute noch so sein.«

»War sie nicht verheiratet?«

»Doch, aber nicht lange. Kurz bevor ihr Kind geboren wurde, starb ihr Mann.«

»Dann fehlte ihr also auch die Korrektur innerhalb der Ehe.«

Ich blickte meinen Mann fragend an. »Wie meinst du das?«

»Ich sehe es so, daß ein Ehepartner dem anderen im Laufe ihrer Zweisamkeit, natürlich liebevoll, ohne ihm dauernd Vorhaltungen zu machen und ihn bestimmen zu wollen, eine Hilfe sein sollte, Fehler zu entdecken und abzulegen. Das setzt voraus, daß er sich über die eigenen Fehler ebenfalls klar ist. Nur so können die beiden Menschen einander helfen, innerlich zu wachsen.«

Eine Erinnerung an meine Eltern, die schon äußerlich, vor allem aber in ihrer Art, sehr verschieden waren, amüsierte mich.

»Warum lachst du?« fragte mein Mann.

Ich erzählte ihm, daß mein Vater manchmal scherzhaft von meiner Mutter gesagt hat: Sie ist mein gesegneter Hemmschuh! Hin und wieder nannte er sie auch Bremsklotz.

»Daß dein Vater deine Mutter einen gesegneten Hemmschuh nannte, zeigt doch, wie freundlich er ihre Korrektur aufnahm, daß er sie bejahte und darüber nicht gekränkt war.«

»Es ist schade, daß du meine Eltern nicht mehr kennengelernt hast. Ich kann an sie nur mit größter Liebe und Hochachtung denken. Wenn wirklich einmal eine Meinungsverschiedenheit zwischen ihnen auftrat – solche bleiben ja auch in bewußt christlichen Häusern nicht aus –, waren beide bemüht, daß daraus ja keine Mißstimmung wurde.«

»Hast du nicht in deinem Buch ›...als flögen wir davon‹ darüber berichtet, daß es gewöhnlich dein Vater war, dieser große stattliche Mann, der bei Meinungsverschiedenheiten zuerst seine Hand der Mutter entgegenstreckte, um zu verhüten, daß sich irgendeine Trübung zwischen ihnen ausbreitete, und sagte: ›Komm, Mama, laß uns gut miteinander sein!‹?«

»Ja, das stimmt! Und dann legte sie ihre Hand in die seine, und alles war wieder in Ordnung. Das hat mich als Kind sehr beeindruckt.«

Mein Mann wiederholte lächelnd: »Bremsklotz – Hemmschuh! Wie ist das denn bei uns? Bist du mein Hemmschuh und ich dein Bremsklotz? Oder haben wir das nicht mehr nötig, weil wir erst so spät geheiratet haben?«

Ich schüttelte den Kopf. »Nein, das glaube ich nicht; denn zu lernen haben wir ja heute noch. Fertig oder vollkommen werden wir nicht, so lange wir auf Erden sind. Ich bin fest davon überzeugt, daß wir auch aneinander noch eine Menge Aufgaben zu erfüllen haben. Auch wenn wir im vorgeschrittenen Alter geheiratet haben und darum vielleicht schon gemäßigter waren und uns nicht mehr so schnell aufregten. Es stimmt, was ein Missionsdirektor einmal seinen Schülern sagte: ›Brüder, ihr bleibt nicht, wer ihr seid. Wenn ihr euch verheiratet, seid vorsichtig in eurer Wahl. Entweder zieht der eine den anderen zu sich empor, oder er wird herabgezogen.‹«

»Ja, das ist so«, erwiderte mein Mann. »Keiner bleibt, wie er gewesen ist. Irgendwie beeinflußt der eine den anderen.«

»Das habe ich auch schon gemerkt.«

»Inwiefern?«

»Ich meine feststellen zu können, daß deine ruhige, ausgeglichene Art sich auf mich positiv auswirkt und ich dadurch auch ruhiger geworden bin und nicht mehr so rasch reagiere. Andererseits freue ich mich darüber, daß du längst nicht mehr so zurückhaltend bist. Du gehst inzwischen viel mehr aus dir heraus, sprichst die Menschen unserer Umgebung an und nimmst an ihrem Ergehen Anteil. Ich staune oft, welche Wandlung in uns beiden vor sich gegangen ist.«

»Das kommt daher, daß wir uns von Herzen gut sind. Und

außerdem behauptet man ja, daß Eheleute, die sich lieben, mit der Zeit einander ähnlicher werden, sogar im Aussehen.«

Wir saßen nebeneinander auf unserer Couch, und ich rückte nun ein wenig von meinem Mann ab. »Laß sehen, ob das bei uns festzustellen ist. Einander ähnlich? Gewichtsmäßig jedenfalls nicht.« Mein Mann lachte hell auf.

»Nein, diesen Ehrgeiz besitze ich nicht.«

Er rückte wieder ein Stück näher zu mir heran und zog mich an sich.

»Ist es nicht herrlich, daß wir uns so gut verstehen?« sagte er.

»Doch, das ist beglückend. Aber ich muß noch einmal zum Ausgangspunkt unseres Gespräches zurückkehren. Es wäre wirklich schlimm, wenn sich nach so vielen Jahren in unserem Wesen nichts geändert hätte. Aus diesem Grund kann ich die Feststellung, die diese Dame nach so langer Zeit glaubte machen zu müssen, nicht als ein Kompliment auffassen. Weißt du noch, was wir kürzlich in unserer Andacht gelesen haben? ›Bessert euer Leben und ändert euer Wesen, so will ich bei euch wohnen, spricht der Herr.‹ Das zeigt doch die Notwendigkeit einer grundlegenden Veränderung.«

Mein Mann wiederholte nachdenklich: »Bessert euer Leben! Ja, das will ich gelten lassen. Mit einigem guten Willen mag das gehen. Aber: Ändert euer Wesen! Dabei geht es doch um unsere Veranlagung, um unsere Erbmasse, um das, was wir ohne unser Zutun von den Vorfahren übernommen haben. Steht es wirklich in unserer Macht, unser Wesen zu ändern? Aus eigener Kraft jedenfalls nicht.«

Nach einigem Nachdenken fuhr er fort: »›So will ich bei euch wohnen – wenn ihr bereit seid, solche Veränderungen an euch geschehen zu lassen‹. Wo das eintritt, wird es uns selbst ein Anliegen sein, daß dies geschieht. Von daher wird man nach zwanzig oder auch nur nach zehn Jahren nicht derselbe sein, der man früher war.«

»Du hast recht. Das stimmt mit dem überein, was die Bibel

sagt: ›Ist jemand in Christus, so ist er eine neue Kreatur, das Alte ist vergangen, Neues ist geworden‹.«

»Wie oft hast du in deinen Vorträgen und Andachten gesagt: Wir dürfen zu Jesus kommen, wie wir sind. Aber wir werden nicht bleiben, wer wir sind. Also nicht Stillstand, sondern positive Veränderung, inneres Wachsen und Reifen.«

»Der Apostel Paulus sagt im 2. Korintherbrief: ›Wenn auch unser äußerer Mensch verfällt, so wird doch der innere von Tag zu Tag erneuert.‹«

»Es ist schön, daß du mich daran erinnerst. Weißt du, wenn man in jungen Jahren von den Begleiterscheinungen des Alters hört oder selbst davon spricht, hat man kaum eine Ahnung, was das bedeutet und wie sie einem zu schaffen machen können. Man muß das erst selbst erleben – wie in meinem Fall.«

»Übrigens hast du mir noch gar nicht erzählt, was die beiden Damen wollten, die dir gestern nachmittag einen überraschenden Besuch machten. Du schienst von ihrem Erscheinen nicht gerade begeistert zu sein.«

»Nun ja, das ist doch begreiflich. Ich war eben dabei, einen wichtigen Brief zu beantworten, den ich schon längst hätte schreiben sollen. Dabei gestört zu werden, ist nicht gerade erfreulich. Aber sie äußerten sich so beglückt über die Möglichkeit eines Gespräches mit mir, nachdem sie seit Jahren Leser meiner Bücher sind, daß ich nicht imstande war, sie kühl abzufertigen.«

»Bringst du das überhaupt fertig?«

»Zuweilen schon. Freundlichkeiten kann man auch mit Abschwächungen oder Steigerungen erweisen. Aber nachdem die beiden Damen eine weite Fahrt unternommen hatten, nur um mit mir reden zu können, hätte es mich belastet, wenn ich ihnen distanziert begegnet wäre, zumal sie mir sagten, daß sie durch meine Bücher viel Hilfe, Trost und innere Anregung erhalten hätten.«

»Es muß dir doch Freude bereiten, so etwas zu hören.«

»Doch, ich bin immer wieder für derartige Bestätigungen dankbar und spreche es auch aus. Aber irgendwie hat es mich dann doch eigentümlich berührt, als eine der Damen sagte: ›Wir haben gedacht, daß wir unseren Besuch bei Ihnen nicht länger aufschieben dürfen. Man kann ja nie wissen, nachdem Sie doch schon so alt sind...‹ Ich verstand sie, obwohl sie den Satz nicht vollendet hatte. Sie haben ja recht, auch wenn es mich manches Mal ein wenig schockiert, daß andere so unverblümt darüber sprechen. Noch deutlicher drückte es jene Frau aus – ich habe dir damals davon erzählt, die mich mit den Worten begrüßte: ›Was, Sie leben noch?‹«

»Ich meine, du solltest das mit Humor auffassen.«

»Mit Humor? Also, da hört doch jeglicher Humor auf.«

»Du darfst mich nicht falsch verstehen. Ich meinte nicht den Ausspruch oder die Feststellung als solche, sondern die Unbekümmertheit, mit der manche Menschen so etwas sagen. Hast du nicht selbst geschmunzelt, als du mir von der siebenundachtzigjährigen Dame berichtet hast, die ebenfalls als Gast hier im Berghaus war? Du fragtest sie am Vortag ihrer Abreise, wie es ihr gehe. Da antwortete sie: ›Wie es Menschen geht, die wissen, daß sie nahe am Ziel sind.‹ Erinnerst du dich noch daran?«

»Oh ja«, bestätigte ich. »Sie hat noch hinzugefügt: ›Glauben Sie mir, ich habe oft richtig Heimweh nach dem Himmel.‹ Ich dachte darüber nach, daß man Heimweh doch nur nach einem Ort haben kann, an dem man schon einmal war. Wenn sie von Sehnsucht gesprochen hätte! Da kam mir die Stelle aus dem neunzigsten Psalm in den Sinn, wo es heißt: ›Der du die Menschen lässest sterben und sprichst, kommt wieder Menschenkinder.‹ In diesem Augenblick fuhr die Siebenundachtzigjährige fort, die soeben noch von Heimweh nach dem Himmel gesprochen hatte: ›Nächstes Jahr komme ich aber wieder ins Berghaus, das habe ich mir fest vorgenommen.‹«

»Siehst du, auch in manchem ernsten Wort verbirgt sich ein Körnchen Humor.«

Ich verstand, was mein Mann meinte und erinnerte ihn an eine andere kleine Episode, die so ähnlich war. »Eine ältere Pfarrfrau sagte: ›Wenn einer von uns (sie sprach von ihrem Mann und sich) zuerst stirbt, dann ziehe ich zu meiner Schwester nach Tübingen.‹ Eine Bestätigung dafür, daß jeder gerne lebt, auch wenn er von dem eigenen Tod spricht.«

»Eins schließt das andere nicht aus.«

»Ich habe dir ja schon manches Mal erzählt, daß ich mich in meinem Leben viel mit dem Tod beschäftigt habe.«

»Ja, das weiß ich, und das tust du noch heute. Es vergeht doch kaum ein Tag, an dem du nicht von den Letzten Dingen sprichst.«

»Das schließt aber nicht aus, daß ich noch gerne lebe, besonders im Gedanken an dich. Allerdings, wenn ich nachts oft so heftige Schmerzen in den Gelenken habe, du durch mein Stöhnen wach wirst und deine Nächte durch mich immer wieder gestört werden, denke ich manchesmal: Wenn ich jetzt nicht verheiratet wäre, würde ich wahrscheinlich Gott bitten, mich heimzurufen. Nur der Gedanke, daß du alleine zurückbleiben müßtest, hindert mich daran, so zu beten.«

»Oh, mit welch düsteren Gedanken beschäftigt sich meine Frau!« Mein Mann sah mich liebevoll an.

»Wir wollen uns doch über jeden Tag freuen, den wir noch beisammen sein dürfen. Und außerdem muß ja Gottes Stunde für jeden von uns kommen. Er weiß, wann es für uns Zeit ist.«

»Ja, davon bin ich auch überzeugt.«

»Im übrigen brauche ich dir nicht zu sagen, daß es bei mir kein Beweis von Lebensüberdruß ist, wenn ich immer wieder vom Tod spreche. Außerdem sind es nicht düstere Gedanken, mit denen ich mich dabei befasse, sondern es entspricht einfach meinem Bedürfnis, mich mit dem Unabänderlichen auseinanderzusetzen und mich darauf vorzubereiten. Schließlich wird die vor uns liegende Wegstrecke immer kürzer. Darum haben wir ja das Buch von Albert Zeilinger miteinander gelesen.«

»Ja, ich fand es sehr aufschlußreich. Es beantwortet eine ganze Reihe von Fragen, die viele Menschen bewegen. Ich finde schon den Titel gut: ›Am andern Ufer – Vom Geheimnis des Todes und der Toten.‹«

»Es ist allerdings eine Tatsache, daß viele Menschen solche Gedanken weit von sich weisen – als ob sie dadurch, daß sie sich nicht damit befassen, das Unabänderliche aufhalten oder verdrängen könnten. Kürzlich bin ich auf ein Wort in Matthäus 4 gestoßen: ›Denen, die saßen am Ort und im Schatten des Todes, ist ein Licht aufgegangen.‹ Ich glaube nicht, daß ich es falsch sehe, wenn ich sage, daß alle Menschen, die keine Beziehung zu Jesus Christus haben, ihr Leben lang im Schatten des Todes sitzen. Nur Er kann letztlich von der Todesfurcht befreien. Findest du nicht auch, daß die Worte des Apostels Paulus sehr hilfreich sind: ›Wir werden bei dem Herrn sein allezeit. So tröstet euch nun mit diesen Worten untereinander.‹ Überhaupt gibt die Bibel uns im Blick auf das Sterben wertvolle Erkenntnisse an die Hand, die uns helfen, die Angst davor zu überwinden.«

»Du denkst dabei sicher auch an das Wort Jesu, das dir, wie du mir schon einige Male gesagt hast, besonders lieb geworden ist: ›Wahrlich, wahrlich, ich sage euch: Wer mein Wort hört und glaubt dem, der mich gesandt hat, der hat das ewige Leben und kommt nicht in das Gericht.‹«

»Ja, so ist es. Im Grunde genommen fürchtet sich ja jeder Mensch letztlich vor dem Tod.«

Mein Mann antwortete: »Es mag verschieden sein und hängt vielleicht von der Art eines jeden ab. Der eine ist mutiger als der andere. Er vermag seine Angst vielleicht zu verbergen oder zu überwinden. Du hast in deinen Vorträgen manchmal gesagt, du seist davon überzeugt, daß letztlich in jedem Menschen, auch wenn er es nicht wahrhaben will, ein Stück Todesfurcht steckt.«

»Dieser Meinung bin ich auch heute noch. Ich finde sogar,

daß vielfach alte Menschen von dieser Angst richtig gezeichnet sind. Viele versuchen, sich lässig darüber hinwegzusetzen. ›Ach was, wir müssen alle einmal sterben, und das werden wir auch noch überstehen!‹ So oder ähnlich reden sie. Irgendwie finde ich solche Äußerungen beinahe ehrfurchtslos, außerdem glaube ich nicht recht daran. Ich erinnere mich, daß ich starke und beherzte Männer habe sagen hören: ›Wir haben uns alle ohne Ausnahme gefürchtet, wenn wir im Kriegsgeschehen den Tod vor Augen hatten und erleben mußten, wie links und rechts von uns Kameraden gefallen sind.‹ Nicht wenige haben in ihrer Todesangst und als sie vor Schmerzen nicht mehr aus noch ein wußten, nach ihrer Mutter geschrieen.«

»Der Tod ist ein Feind. Die Bibel sagt: Der letzte Feind, der überwunden werden muß. Daher braucht sich kein Mensch wegen seiner Todesfurcht zu schämen. Was mag wohl letztlich die Ursache der Todesfurcht sein?«

»Ich meine, da wären einige Ursachen zu nennen. Jeder muß diesen letzten Weg allein gehen. Wie oft hast du schon gesagt: Könnten wir doch beide miteinander sterben.«

»Ja, und doch muß jeder seinen eigenen Tod durchstehen, selbst wenn wir in der gleichen Stunde sterben würden. Gewiß gibt es noch andere Gründe dafür, daß wir Menschen uns vor dem Letzten fürchten, das im Grunde genommen gar nicht das Letzte ist. Da ist der Gedanke an das kommende Gericht, obwohl viele Menschen behaupten, nicht daran zu glauben. Im Unterbewußtsein fürchten sie sich doch davor.«

»Aber dann dürfen sich bewußte Christen doch nicht mehr davor ängstigen, wenn sie an die Wahrheit des soeben zitierten Wortes glauben. Da heißt es nicht: Wer vollkommen ist, kommt nicht in das Gericht, sondern nach der Aussage Jesu: ›Wer an mich glaubt, und an den, der mich gesandt hat, der hat das ewige Leben und kommt nicht in das Gericht.‹ Also ewiges Leben nicht erst im Jenseits. Das ist doch eine wunderbare Zusicherung.«

»Es gibt wohl noch einen anderen Grund, warum Menschen, auch bewußte Christen, mit der Todesfurcht nicht ganz fertig werden. Wir wissen, daß viele vor ihrem Tod durch große körperliche Nöte hindurchmüssen. Die Sorge, ob man sich darin bewährt und Gott durch sein Verhalten nicht Unehre bereitet, zumal wir wohl alle leidensscheue Menschen sind, trägt bestimmt zur Todesfurcht bei. Meinst du das nicht auch?«

Mein Mann antwortete nicht sofort. Nach kurzem Besinnen meinte er: »Du magst recht haben. Aber ich bin der Meinung, daß sich keiner im voraus darüber ängstigen sollte. Ich erinnere an das Wort Jesu: ›Sorgt nicht für morgen. Es ist genug, daß jeder Tag seine eigene Plage hat.‹ Nicht einmal für den folgenden Tag sollen wir sorgen und tun es doch oft viel weiter im voraus. Das ist wohl eine der schwersten Lektionen, die wir in der Schule des Lebens lernen müssen. Auch wir haben ja noch längst nicht ausgelernt.« Ich sah meinen Mann einige Sekunden schweigend an.

»Was denkst du jetzt?« wollte er wissen.

»Ich bin froh, daß wir uns mit Freimut über solche Lebensfragen unterhalten können. Das kann man nicht mit jedem. – Nun ja, nicht mit jedem, aber mit dem allernächsten Menschen sollte es doch möglich sein.«

»Ich denke«, beendete mein Mann das Gespräch, »wir sollten uns einem anderen Thema zuwenden. Meinst du nicht auch? Übrigens ist es doch seltsam: Wenn dich Menschen ansprechen und dir etwa ihre Verwunderung darüber zum Ausdruck bringen, daß du noch lebst, dann findest du das unpassend. Du selbst aber beschäftigst dich täglich mit dem Tod, als sei er das Selbstverständlichste. Manchmal scheint es mir, als sei es dir geradezu ein Bedürfnis, davon zu reden.«

»Das ist es auch. Aber ich denke, man muß wissen, wann, mit wem und wie man darüber spricht. Nie darf es zu einem lässigen Geschwätz werden.«

Mein Mann machte den Vorschlag, daß wir uns jetzt noch eine Kassette anhören sollten und schlug das Lied von

Gerhard Schnitter vor: ›Du bist das Leben, das sich wirklich lohnt.‹

Das Wissen um unseren bevorstehenden Tod muß nicht unbedingt Angst und Schrecken in uns auslösen, sondern kann Vertrauen, Zuversicht und eine von Gott gewirkte Ruhe bewirken. Das ist mir aufs neue klar geworden, als ich von dem Tod eines uns bekannten und sehr geschätzten Oberstudienrats hörte. Er starb genau eine Woche nachdem seine Frau von dieser Erde abgerufen worden war. Seine Tochter fand in der Nachttischschublade neben seinem Bett im Krankenhaus folgende Niederschrift:

> *Mein Herr, wie danke ich DIR für dieses DEIN Wort! Süßer als Honigseim ist es für meine Seele. Was würde in diesen meinen Drangsalen und Ängsten aus mir werden, wenn DU mich nicht mit DEINEM Heiligen Worte tröstetest? Verleihe mir ein gutes Ende, einen glücklichen Ausgang aus dieser Welt. Gedenke meiner, mein Gott, und leite mich auf der rechten Bahn in DEIN Reich! Amen.*
> *(Aus: Nachfolge Christi)*

Wer so stirbt, der stirbt wohl.

Als ich vor zweiunddreißig Jahren mit meinen Freunden Hans und Martl Lang nach Oberböhringen zog und mit ihnen gemeinsam das christliche Erholungsheim Berghaus St. Michael eröffnete – ich habe darüber ausführlich in meinem Buch »... als flögen wir davon« berichtet –, war mir ganz klar, daß dies der uns von Gott gewiesene Weg ist. Es folgten für mich achtzehn Jahre intensiver Arbeit. Wir begannen sie in einem wunderschön gelegenen Haus, das der Vater des Landwirts und Kunstmalers Hans Lang mit seiner jüngsten Tochter als Gaststätte und Pension betrieb. Als er hörte, daß ich plante, gemeinsam mit Martl Sommer – meiner früheren Mitarbeiterin in meinem Flüchtlingskinderheim – ein christliches Erholungsheim zu gründen und nach einem geeigneten Projekt suchte, bot er uns das Berghaus zum Kauf an. Er hatte schon einige Zeit vorgehabt, es zu veräußern, weil er die Lage für ungünstig hielt. Sein Gedankengang war naheliegend, hatte sich doch sein Sohn, dessen erste Frau nach der Geburt des vierten Kindes gestorben war, mit Martl Sommer verlobt.

Als ich Hans Lang nun besorgt fragte: »Was wird aber jetzt aus unserem Vorhaben, gemeinsam ein Erholungsheim zu eröffnen?« antwortete er: »Das machen wir nun zu dritt.«

Das Haus stand uns also zur Verfügung. Um es jedoch erwerben zu können, mußte Hans Lang seinen Hof verkaufen. Das fiel ihm nicht leicht, denn er war mit Leib und Seele Landwirt. Irgendwie wurde es uns aber allen klar, daß dies der für uns vorgesehene Weg war. Bald begann die gemeinsame Tätigkeit für die Menschen, die als Erholungssuchende das Berghaus St. Michael aufsuchten. Zuerst waren es nur einzelne, meist ältere Leute. Dann aber sprach es sich herum, und wir staunten, wie sich die Gästeschar vergrößerte. Die wenigen Zimmer reichten bald nicht mehr aus, es mußte hinzugebaut werden. Familien mit ihren Kindern kamen, junge Leute, ältere Ehepaare, Gemeindegruppen, Seniorenkreise, Pfarrer mit ihren Kirchengemeinderäten sowie Posaunenchöre, die das Haus an Wochenenden belegten. Immer mehr wurde uns klar, daß dieser Platz für unser Anliegen besonders geeignet war. Freude und Dank erfüllte uns. Das bedeutete natürlich nicht, daß es ohne Schwierigkeiten und Probleme gegangen wäre. Wo gibt es ein Unternehmen, auch ein christliches, in dem das ausbliebe?

In den achtzehn Jahren meiner Mitarbeit im Berghaus war mein Aufgabengebiet hauptsächlich die Betreuung der Gäste, die Korrespondenz mit ihnen und die Zimmereinteilung. Vor allem aber hatte ich die täglichen Andachten zu halten, denen oft seelsorgliche Gespräche folgten.

Neben mancherlei zu lösenden Problemen gab es auch beglückende Höhepunkte, die uns immer wieder mit Staunen und Dank erfüllten. Da war z. B. der Bau der schönen und großen Hauskapelle, der notwendig wurde, weil es keinen Raum gab, der die vielen Menschen gefaßt hätte, die durch Gemeindebesuche oder anläßlich unserer biblischen Aufführungen, die ich damals schrieb, herbeiströmten. Ein Stuttgarter Autobus-Besitzer machte Interessenten durch Annoncen auf unser Haus aufmerksam und trug dazu bei, daß oft selbst unser Andachtsraum die vielen Leute kaum fassen konnte.

Der erfahrene Landwirt und begabte Kunstmaler Hans Lang erwies sich als hervorragender Darsteller unserer biblischen Männergestalten wie z. B. Abraham, Eli und andere. Seine Frau übernahm die Frauenrollen. Bis zu meinem achtundsechzigsten Lebensjahr wirkte ich bei diesen biblischen Laienspielen ebenfalls mit – und das mit großer Freude. Gott schenkte es uns, daß wir durch die Mithilfe unserer Freunde die Kosten für die Erstellung unserer Hauskapelle in verhältnismäßig kurzer Zeit bezahlen konnten.

Als uns eines Tages klar wurde, daß sich das wunderschöne Gelände, die zum Haus gehörenden Wiesen und Waldstücke, herrlich eignen würden, Kindern ein kleines Paradies zu bereiten, nahm der Gedanke immer mehr Gestalt an, zusätzlich ein Kinderheim zu bauen. Frau Lang und auch ich waren ausgebildete Erzieherinnen, und die aus der ersten Ehe ihres Mannes hervorgegangenen Töchter ergriffen ebenfalls pädagogische Berufe, als sie erwachsen waren. Als an einem Weihnachtsabend die mit den Jahren entstandene Hühnerfarm in Flammen aufging, kamen wir zu dem Schluß, sie nicht wieder aufzubauen, weil ein Kinderheim zweckmäßiger und segensreicher sein würde als eine Hühnerzucht. Nun stand jedoch die große Frage vor uns: Wie können wir die nötigen Gelder zusammenbekommen, um ein Kinderheim einzurichten? Die notwendigen Räume waren inzwischen entstanden. Da gab Gott uns eine bestätigende Antwort durch einen Gast, der einige Ferientage in unserem Haus zubrachte. Es war eine Diakonisse, die uns erzählte, daß zu ihrem Mutterhaus ein Krankenhaus gehörte und ebenso ein Kinderheim. Das letztere müsse jedoch aufgelöst werden, weil man die Räume für das Krankenhaus benötige.

Wir erzählten der Diakonisse von unseren Kinderheim-Plänen. Wie staunten wir, als sie uns fragte: »Hätten Sie eventuell Interesse an den Möbeln und allem anderen Zubehör unseres bisherigen Kinderheimes?«

Wir sahen uns gegenseitig nur sprachlos an. Schließlich folgte zögernd die verständliche Antwort: »Das käme wohl darauf an, wieviel wir dafür bezahlen müßten.«

»Ich werde mit der Leitung unseres Hauses darüber sprechen«, erwiderte die Diakonisse. Nach verhältnismäßig kurzer Zeit traf die Antwort ein: »Wir schenken Ihnen alles, was Sie für Ihr neues Kinderheim brauchen können.« Bald stand ein Lastwagen vor der Tür mit Betten, Matratzen, Kopfkissen, Decken, Nachttischchen und vielem anderen. Die Kinder konnten kommen. Mehr, als wir uns je vorzustellen wagten, wurden wir durch Gottes Güte beschenkt.

Ähnlich war es mit unserer Orgel. Nachdem wir die Hauskapelle erstellt hatten, sprachen Hans Lang, seine Frau und ich über ein notwendiges Musikinstrument zur Begleitung der Lieder in unseren Andachten. Als ich es als selbstverständlich betrachtete, mein Harmonium zur Verfügung zu stellen, sagte Herr Lang: »Das ist ja gut und schön, und wir sind dir dafür auch dankbar, aber –«

Ich sah ihn fragend an und wiederholte: »Aber...?«

»Wäre eine Orgel nicht viel schöner und passender für den neuen großen Andachtsraum?«

»Natürlich«, erwiderte ich etwas gedehnt, denn ich fand, daß mein Harmonium, das ich von meinen ersten Honoraren als Schriftstellerin bezahlt hatte, eigentlich ausreichen würde. Woher sollten wir das Geld für eine Orgel nehmen? Wieder durften wir so etwas wie ein Wunder erleben: Ein Gast unseres Hauses, der von diesem heimlichen Wunsch erfuhr, schenkte uns das nötige Geld für eine Elektronenorgel.

Es ist erstaunlich und zugleich wunderbar, wie wir im Berghaus auch immer wieder die rechten Mitarbeiter erhielten. Sie verrichteten ihre Arbeit nicht nur in großer Treue, sondern waren auch bereit, für geringere Bezahlung, als sie ihnen an anderen Orten geboten wurde, ihren Dienst zu tun.

Ein Werk wie das unsere steht und fällt mit der inneren Einstellung seiner Mitarbeiter. Natürlich ist zuerst alles abhängig vom Segen Gottes. Aber dazu gehört eben auch, daß Er uns solche Mitarbeiter ins Haus führt, die bereit sind, sich in ein bewußt christlich geleitetes Heim einzufügen. Hauswirtschaftsleiterinnen oder Praktikantinnen, Erzieherinnen oder solchen, die es werden wollen, wird von vornherein gesagt, daß bei uns tägliche Andachten stattfinden – für Gäste wie für Mitarbeiter. Meist bestätigen sie dann, daß sie zu einer Kirchengemeinde oder einer Gemeinschaft gehören, im Kirchenchor oder im Jugendkreis mitarbeiten und es von Herzen bejahen, in ein christlich geführtes Haus zu kommen. Wenn dann ihre Zugehörigkeit zu solchen Kreisen nicht nur oberflächlicher Art ist, läßt sich das auch in der Verrichtung ihrer Arbeit nicht verleugnen. Es kommt allerdings vor, daß manche eine andere Auffassung von ihrem Dienst haben, bei denen das Verdienen eine weitaus wichtigere Rolle spielt als das Dienen. Da bleiben dann Schwierigkeiten nicht aus.

Wir haben Mitarbeiter, die mehr als zwanzig Jahre im Haus tätig sind, z. B. eine Kinderschwester aus der Schweiz, die vorher ein Säuglingsheim geleitet hat und nun bei uns überall dort ihre Kraft einsetzt, wo sie gebraucht wird: im Büro, im Krankenzimmer, in der Waschküche oder auch in der Küche. Unter unseren Gästen war lange Zeit eine Studiendirektorin, die eines Tages zu der Überzeugung kam, ihre Kraft dem Berghaus St. Michael zur Verfügung stellen zu sollen. Sie gab ihre staatliche Stellung auf und ist nun seit einigen Jahren im Berghaus tätig. Sie leitet hier eine Kindergruppe und setzt sich darüber hinaus ein bei der Betreuung unserer Gäste, den Abendgestaltungen sowie bei manchen anderen Anlässen. Ich kann nicht anders, als an dieser Stelle jener Menschen zu gedenken, die wie tragende Säulen in großer Treue ihren Platz im Berghaus ausgefüllt haben.

Auch in den elf Jahren, in denen ich nicht mehr »hier oben« lebte, sondern mit meinem Mann in einem schönen Vorort von Geislingen wohnte, habe ich regen Anteil an allem Geschehen im Berghaus genommen. Das konnte auch nicht anders sein, hatte ich doch achtzehn Jahre meines Lebens hier verbracht und mein ganzes Herz – Gott weiß es – in diese Arbeit gelegt.

Ja, und nun werden diejenigen meiner Leser, die mich baten, ihnen Näheres über meine große Lebenswende zu erzählen, doch noch auf ihre Kosten kommen. Allerdings sollte niemand erwarten, eine ergreifende oder rührselige Liebesgeschichte zu hören. Doch will ich nicht verschweigen, daß Gott mir in die Abenddämmerung meines Lebens hinein noch ein ganz großes Glück geschenkt hat.

Mein Mann kam als Gast in unser Haus – in jener Zeit, als mir noch die Betreuung der Gäste oblag. Er verlebte hier Urlaubstage mit seiner Schwester und deren Mann.

Dr. Sauter fiel unter unseren Gästen in keiner Weise auf. Er war eher still und zurückhaltend, so daß ich, die damals weitgehend dafür die Verantwortung trug, daß unsere Gäste sich wohlfühlten, ihn öfter durch einige Fragen aus seiner Reserve herauszulocken versuchte. Nur in einem tat er sich hervor – nämlich durch sein Orgelspiel. Es war an jedem Morgen in der Andacht ein Genuß, ihn zu hören. Wenn ihm dann jemand ein Kompliment machte: »Herr Doktor, das war wieder einmal wunderschön«, erwiderte er meist in seiner Bescheidenheit: »Nennen sie mich doch bitte nur bei meinem Namen.« Er hatte Mathematik und Physik studiert und war damals, als wir uns kennenlernten, noch berufstätig. Mit keinem Gedanken hätte ich mir in jener Zeit vorstellen können, daß ich einmal diesen Mann heiraten würde. Überhaupt heiraten – in meinem Alter!

Natürlich hat es in meinem Leben Zeiten gegeben, in denen ich mir gewünscht hatte, Frau und Mutter zu werden. Aber es schien nicht mein Weg zu sein. Außerdem war ich tagsaus, tagein so beschäftigt, daß ich für eine Ehe und Familie kaum Zeit gehabt hätte. Wenn mir auch dann und wann der Gedanke kam, daß eine Zweisamkeit schön und bereichernd sein könnte, verdrängten doch meine vielen Aufgaben solche Wünsche oder Erwägungen. Und inzwischen war ich doch viel zu alt geworden, um noch ans Heiraten zu denken!

Der Urlaub dieses Mannes, zu dem ich nun seit fünfzehn Jahren gehöre, ging zu Ende. Ich verabschiedete ihn wie alle anderen Gäste, die wieder unser Haus verließen. Schade, nun hatten wir keinen so guten Organisten mehr, und ich mußte wieder die Choräle in unseren Andachten selber begleiten – so gut ich's eben konnte.

Dr. Sauter kam vier Jahre nicht in unser Haus. Dann war er auf einmal wieder da, wie ein alter Bekannter, ja, wie ein guter Freund des Hauses, und nahm aufs neue den Platz an der Orgel ein. Die Innigkeit seines Orgelspiels hat mir je länger desto mehr das Herz bewegt. In der Folgezeit, in der er immer häufiger ins Berghaus kam, glaubten wir beide zu erkennen, daß unsere Wege ineinander münden sollten.

Ein persönliches Gespräch mit dem Theologieprofessor Adolf Köberle, den wir als bewußten Christen sehr schätzten, bestätigte uns in den uns bewegenden Fragen. Er ermutigte uns, trotz des vorgeschrittenen Alters als Eheleute dem Herrn gemeinsam zu dienen, in dessen Nachfolge jeder von uns seit vielen Jahren stand. Daß Professor Köberle uns auf unsere Bitte hin auch versprach, uns zu trauen, war für uns eine große Freude. Leider erkrankte er vorher so schwer, daß er das Krankenhaus aufsuchen und sich einer Operation unterziehen mußte. An seiner Stelle übernahm es der von uns ebenfalls sehr geschätzte Dekan Lempp, uns zu trauen. Wir wählten als Trautext das Wort aus dem 40. Psalm: »Herr, mein Gott, groß sind deine Wunder und deine Gedanken, die du an uns beweisest. Ich will sie verkündigen und davon sagen, wiewohl sie nicht zu zählen sind.«

Daß wir diesen Tag, den Tag unserer Hochzeit, erleben

durften, kam uns in der Tat wie ein Wunder vor. Die Wintersonne schien so warm von einem strahlend blauen Himmel, daß wir am 9. Januar die Mäntel ausziehen mußten. Als einer unserer Gäste sagte, er habe noch nie eine so schöne Hochzeit erlebt, hatten wir nicht den geringsten Anlaß, dem zu widersprechen.

Wir blieben gemeinsam noch ein weiteres Jahr im Berghaus. Daß mein Mann während des ersten Vierteljahres nur zum Wochenende nach Hause kommen konnte, mußte ich hinnehmen. Vorher konnte er sich nicht von seinen beruflichen Pflichten lösen. Jeden Freitagabend stand ich in jener Zeit am Bahnhof in Geislingen voll ungeduldiger Erwartung, ganz wie es sich für eine jung verheiratete Frau gehört, um ihn abzuholen, wenn er von Erlangen zurückkam. Aber dann wurde er pensioniert, und wir mußten uns nicht mehr trennen. Wir wußten beide, daß wir nie den Tag der goldenen Hochzeit erleben würden, kaum die silberne. Aber wir durften erleben, und es ist bis heute so geblieben, daß jeder unserer gemeinsam verlebten Tage ein goldener Hochzeitstag war und ist.

Bei allem Glück unserer Zweisamkeit fiel es mir jedoch sehr schwer, mich vom Berghaus St. Michael zu trennen, von allem, woran mein Herz dort hing. Da war zuallererst der bisherige Auftrag für die Menschen, die zu uns kamen, die Seelsorge und täglichen Andachten, die gute Hausgemeinschaft und anderes mehr. Aber mein Mann und ich glaubten zu erkennen, daß der Zeitpunkt gekommen war, einen neuen Anfang zu machen. Wir waren sehr froh darüber, daß gerade zu jener Zeit, als wir das Berghaus verließen, eine tüchtige Hauswirtschaftsleiterin dorthin kam. Damit war für Frau Lang die Möglichkeit gegeben, den Dienst in der Küche, den sie achtzehn Jahre lang in großer Treue ausgeübt hatte, in deren Hände zu geben und nun selbst die täglichen Andachten und die Fürsorge für die Gäste und Mitarbeiter zu übernehmen. Bis zum heutigen Tag leitet sie mit Umsicht, Geschick und Liebe das Berghaus St. Michael.

Herr Lang war in jener Zeit schon monatelang ernstlich krank. Seine Krankheit erforderte Tag und Nacht intensive Pflege und einige Male auch einen Krankenhausaufenthalt. Das war für den tatkräftigen Mann sehr schwer. – In seinen gesunden Tagen wirkte er wie ein Baum, der von keinem Sturm gefällt werden konnte. In dieser ernsten Schule Gottes reifte er zu immer neuen Erkenntnissen. Für mich und meinen Mann war es selbstverständlich, von unserem neuen Wohnort aus mit ihm und seiner Frau in ständiger Verbindung zu bleiben. Unvergeßlich ist mir, wie er bei einem unserer Besuche auf meine Frage: »Hans, was können wir für dich tun?« mit matter Stimme antwortete: »Nur beten! Nur beten!«

Es bewegte uns tief, wie hilflos dieser einst so kraftvolle Mensch geworden war, so daß er erkannte: Alle meine Stützen sind gebrochen, es bleibt nur Er!

Wie oft hatte er mit seiner schönen, vollen Stimme in gesunden Tagen das Bachlied gesungen:

Liebster Herr Jesu, wo bleibst du so lange?
Komm doch, mir wird hier auf Erden so bange!
Komm doch und nimm mich, wenn dir es gefällt,
von der beschwerlichen angstvollen Welt.
Komm doch, Herr Jesu, wo bleibst du so lange?
Komm doch, mir wird hier auf Erden so bange.

Es ist genug Herr, drum komm zu erlösen
meine bedrängete Seele vom Bösen.
Ich bin vom Klagen und Seufzen so matt
und meiner bitteren Tränen so satt.
Komm doch, Herr Jesu, wo bleibst du so lange?
Komm doch, mir wird hier auf Erden so bange.

Wie oft mag Hans Lang in den Monaten mit den vielen schlaflosen Nächten so empfunden und gebetet haben! Und dann ist Er, den er in diesem Liede um Erlösung angefleht hat, wirklich gekommen und hat ihn geholt.

In unserer Hauskapelle wurde Hans Lang aufgebahrt. Auf

seinem Grabstein stehen als Bekenntnis die Worte: *Geliebt und erlöst!*

Die Arbeit im Berghaus ging wie bisher weiter. Für uns aber begann ein neuer Lebensabschnitt, der mit keinem der vorhergehenden vergleichbar war. Ich war nun verheiratet. Ich bin von Natur aus ein kontaktfreudiger Mensch, hatte nie Mangel an Beziehungen zu anderen Menschen und durfte es auch immer wieder erleben, daß Gott mir Verbindung zu Menschen schenkte, von denen ich lernen konnte. Ich wurde dadurch nur bereichert. Guter Gedankenaustausch war mir immer ein Herzensbedürfnis. So kam es zu wertvollen Freundschaften im In- und Ausland. Ich denke da an Winifred Haines in England, an Dr. Ernst von May in der Schweiz, an Frau Dr. Hilty, an Frau Dr. Selma Freud in Wien und andere mehr. Aber nun war mir das »Du« meines Lebens begegnet. So verschieden mein Mann und ich auch in Art und Wesen sind – das uns in wunderbarer Weise Verbindende unseres Glaubens, unsere Beziehung zu Jesus Christus, waren und sind die Kraftquellen, aus denen wir gemeinsam und doch auch wieder jeder für sich leben.

Als ich kürzlich unserer Erythräerin, einer sechsunddreißigjährigen Frau, berichtete – ich werde später noch ausführlich von ihr erzählen –, daß ich achtundsechzig Jahre alt geworden war, ehe ich mich verheiratete, sah sie mich fassungslos an. Sie glaubte mich falsch verstanden zu haben, zumal ihre Deutschkenntnisse noch mangelhaft sind. Ich bestätigte meine Worte, indem ich sechs Mal zehn Finger emporhob und dann noch einmal acht.

»Nein«, erwiderte sie, »nicht gutt! Ich mit fünfzehn Jahre heiraten und meine Mama mit zwölf.« Nun ja, ich konnte nicht unbedingt von ihr, der Afrikanerin, dafür Verständnis erwarten, als ich sagte, daß auch Eheleute in unserem Alter noch sehr glücklich miteinander sein können.

Es ist nicht lange her, da feierten wir unseren fünfzehnten Hochzeitstag. Unsere Wohnung, obgleich umgeben von

Schneemassen, glich einem Blumengarten. In allen Farben waren die Räume zur Feier unseres Festtages geschmückt – Zeichen der Liebe meines Mannes und des Gedenkens unserer Freunde.

Als ich diese enorme Umstellung in meinem Leben vor fünfzehn Jahren beinahe nicht fassen konnte, betete ich: »Herr, ich weiß, es ist etwas Ungewöhnliches, in meinem Alter noch zu heiraten. Aber ich glaube fest, daß du uns zusammengeführt hast. Ach, wenn du uns wenigstens *ein* Jahr dieser Zweisamkeit schenken möchtest! Du weißt, wir wollen dir gemeinsam dienen.«

Nun sind es bereits fünfzehn Jahre geworden. Kein Tag ohne gemeinsames Gebet – kein Tag ohne Dank für dieses wunderbare Geschehen in unserem Dasein. Dabei lagen auch in diesen Jahren allerlei ernste Erlebnisse wie Zeiten schwerer Krankheitsnöte, in denen uns das Weiterbestehen unserer beglückenden Zweisamkeit fraglich schien. Aber gerade solche Stunden haben uns immer inniger zusammenwachsen lassen, und wunderbare Erfahrungen von Gebetserhörungen bereichern unser gemeinsames Leben. Wiederholt stand mein Mann an meinem Bett in den verschiedenen Krankenhäusern, in die ich wegen meines Herzleidens gebracht wurde. Als ich etwa fünf Jahre alt war, sang meine Mutter meinen Brüdern und mir Lieder vor, die von der Himmelssehnsucht sprachen. Damals verstand ich ihren Sinn noch nicht. Aber nun, auf dem Krankenlager, wurden sie in mir wieder lebendig. Ich sprach darüber mit meinem Mann und war glücklich über unsere innere Übereinstimmung, auch wenn diese Stunden für uns beide nicht leicht waren. Noch heute bin ich froh und dankbar für die Saat, die meine Mutter damals in mein Kinderherz gelegt hatte.

In diesen Liedern geht es ja nicht um Illusionen, sondern um die jenseitige Welt und das ewige Leben, von denen die Bibel spricht.

Gerade die Zeiten des Leidens haben unsere Ehe mit Werten gefüllt, die wir nicht missen möchten.

Es ist in diesen Jahren mehrfach vorgekommen, daß unverheiratete Frauen zu mir sagten: »Sie haben es gut. Sie sind nicht allein. Sie können doch gar nicht wissen, wie es einem Menschen zumute ist, der niemand hat, mit dem er seine Tage und Nächte teilen kann. Wenn man mit all seinen Problemen allein dasteht, kommt einem das Leben wie eine einzige Hoffnungslosigkeit vor. Wundern Sie sich etwa, wenn viele Alleinstehende oder unglücklich Verheiratete Selbstmord begehen?«

Ich habe immer versucht, solche Menschen zu verstehen, mich aber auch bemüht, ihnen zu helfen. Oft habe ich dann gesagt: »Es ist nicht wahr, daß ein Alleinstehender einsam sein muß. Das Wort, das Gott selbst nach der Erschaffung der Welt gesprochen hat, gilt auch heute noch: ›Es ist nicht gut, daß der Mensch allein sei.‹ Mir ist klar, daß der Ausweg aus dem Alleinsein nicht allein die Ehe ist. Sonst gäbe es keine verheirateten Menschen, die trotz ihrer Zweisamkeit sehr alleine sind. Doch ich wiederhole noch einmal: Alleinsein bedeutet nicht unbedingt einsam sein. Ich bin überzeugt, daß Gott auch denen, die sich allein gelassen und unverstanden fühlen, ein ›Gegenüber‹ gibt.«

In den Jahren meiner Ehelosigkeit war ich zwar, wie man so sagt, eine alleinstehende Frau, aber nie einsam. Gott schärfte mir den Blick für die ausgestreckten leeren oder mit Lasten gefüllten Hände der Menschen meiner Umgebung, für die trostbedürftigen Herzen und hoffnungslosen Augen rings um mich. Das Erkennen ihrer Not wurde mir zur verpflichtenden Aufgabe. Ich wurde so davor bewahrt, mich selbst und mein Schicksal wichtig zu nehmen und unerfüllten Wünschen nachzugrübeln. Überhaupt: Grübeln! Ich hörte einmal den Ausspruch: Entweder grübelt man sich von Gott weg, oder man dankt sich zu ihm hin!

Kein einziger Mensch muß darüber klagen, daß er keine Aufgabe hat. Auch der Schlichte, ja, der Unbegabte hat die Möglichkeit, zu lieben und anderen mit Güte und Freundlichkeit zu begegnen. Dafür müssen ihm allerdings die

Augen geöffnet werden, wobei sein Selbstmitleid ihm ein großes Hindernis sein kann. In einem meiner vielen Gedichte heißt es: »Arm ist, der nur eignen Vorteil sucht; reich wird man durch Lieben und durch Geben.«

Nun ist es aber nicht so, daß derjenige, der sich verheiratet, automatisch der Ichbezogenheit enthoben wird. Es gilt für den Verehelichten wie auch für den Alleinstehenden: Er steht in Gefahr, sich selbst zu leben, wenn er nicht bereit ist zu teilen, was er besitzt, oder wenn sich alles nur um ihn drehen muß. Es wird immer darum gehen, ob man das Wort der Bibel ernst nimmt: »Einer trage des andern Last, so werdet ihr das Gesetz Christi erfüllen.« Wo dies ganz bewußt zur Tat wird, sei es in der Ehe oder in einer anderen Lebens- und Berufsgemeinschaft, wird man besonders bereichert werden; denn die Freude, die wir geben, kehrt ins eigene Herz zurück.

Das gilt auch für Alleinstehende. Wer so lebt, bei dem wird die Klage immer weniger geäußert werden: »Freuen müßte man sich können!«, weil man dann bald aus eigener Erfahrung hinzufügen kann: »Und man kann sich freuen – immer da, wo man anderen zur Freude verhilft.«

Für meinen Mann und mich hatte also das Neue begonnen: Eybach! Als wir es glückstrahlend Freunden und Bekannten erzählten, daß wir, ohne danach gesucht zu haben, in dem kleinen Vorort von Geislingen in kurzer Zeit eine passende, wunderschön gelegene Wohnung gefunden hatten, sagte jemand: »Wie kann man nur nach Eybach ziehen, einem ganz unbedeutenden Ort in einem schmalen, sonnenlosen Tal und – und –« Lauter negative Feststellungen machte der Betreffende. Allerdings, das Tal, in das der kleine Ort eingebettet ist, könnte breiter sein. Aber ist es nicht von beiden Seiten von bewaldeten Höhen umgeben! Aus dem hellen Grün der Buchen heben sich dunkle Tannen hervor, und im Herbst sind es die Lärchen, die zwischen den Tannen leuchten wie Gold. In einem Ausläufer des Tales liegt die Pfingsthalde mit ihren schönen, gepflegten Häusern und den blumenbewachsenen Vorgärten. Da sie auf der Südseite liegen, sind sie auch in den Wintermonaten nicht ohne Sonne – und werden von manchen die Riviera Eybachs genannt.

Zu unserer Wohnung waren wir durch einen Spaziergang gekommen, auf dem wir mit der uns bis dahin kaum vertrauten Ortschaft näher bekannt werden wollten. Wir hatten nämlich eine kleine Eigentumswohnung gekauft, nachdem mein Mann erkannt hatte, daß es bei der Fülle von Aufgaben im Berghaus St. Michael für mich immer schwieriger sein würde, zu einem arbeitsfreien Tag in der Woche zu kommen. Nicht, daß ich mir einen solchen Tag nicht hätte nehmen können. Aber die Fülle der Pflichten war einfach da und mußte gemeistert werden. Er war der Meinung, es sei notwendig, nach einer kleinen Ferienwohnung in der Nähe Geislingens Ausschau zu halten, in der man immer wieder einmal Abstand von den verschiedenen Verpflichtungen nehmen könne.

So stießen wir zufällig auf eine Anzeige, die besagte, daß in Eybach Eigentumswohnungen erstellt würden. Zufällig? War es nicht vielmehr ein neuer Weg, der sich hier auftat? Schließlich kam der Kauf eines Einzimmer-Appartements zustande, und wir verbrachten von da an einen freien Tag je Woche in unserer kleinen Ferienwohnung. Uns war jedoch bald klar, daß dies keine Dauerlösung sein konnte.

An einem schönen Frühlingstag machten wir also jenen Spaziergang, der uns nach einer kleinen Steigung zu einer Baustelle brachte. Interessiert blieben wir stehen. Diese Gegend war uns völlig unbekannt. Das Haus befand sich noch im Rohbau. Eine große Terrasse breitete sich vor der Wohnung im Hochparterre aus. Und dann stieß ich einen Ruf der Freude und Begeisterung aus: »Sieh nur diese Aussicht.« Vor unseren Augen breitete sich das ganze Wiesental aus. Dieser Anblick erinnerte mich an Herrenalb, wo ich vor vielen Jahren ein Privatkinderheim hatte, lange bevor ich ein Haus für Flüchtlingskinder in Geislingen eröffnete. »Oh, wenn wir hier doch wohnen könnten!« Mein Mann wurde von meiner Begeisterung angesteckt.

»Wir wollen fragen, wer hier baut und ob man vielleicht eine Wohnung mieten kann.« Ehe wir uns jedoch erkundigten, wo wir den Bauherrn finden könnten, standen wir noch eine ganze Weile vor dem Haus und blickten über das Wiesental, das sich vor uns ausbreitete. Man hatte es uns als schmal und sonnenlos geschildert. Doch von der Höhe aus wirkte es ganz anders und keineswegs sonnenlos.

»So ist es«, sagte ich zu meinem Mann, »wenn man das Leben nur von unten her betrachtet, von der Sicht der Widerwärtigkeiten und Enttäuschungen. Auf die Höhe muß man steigen, auch wenn es manchmal etwas mühsam scheint.« In der Tat, von diesem Standort aus entdeckten wir manches, was unsere Augen von unten her nicht gesehen hatten. Ich mußte denken: Wenn doch die Menschen, die sich in den Niederungen ihrer Hoffnungslosigkeit bewegen und in der Trostlosigkeit ihrer Schwermut und Depressionen, sich empor schwingen könnten auf die Höhen des Glaubens, um mit dem Psalmisten sprechen zu können: »Ich hebe meine Augen auf zu den Bergen. Woher kommt mir Hilfe? Meine Hilfe kommt vom Herrn, der Himmel und Erde gemacht hat.«

Ich machte meinen Mann auf die Wälder zu beiden Seiten des Tales aufmerksam und zeigte ihm die kleine Kapelle auf halber Höhe, die sich in das Grün am Rande des Waldes einbettete. Ich wies mit der Hand auf die gegenüberliegende Seite. »Schau, dort drüben, das ist der Himmelsfelsen, der sich wie ein gewaltiger Wächter über Eybach erhebt. Darunter liegt im Tal das Schloß, in dem ich einige Male zu Besuch beim Grafen von Degenfeld war. Ich lernte seine Frau, Gräfin Ilona von Degenfeld-Schonburg, bei den großen Bezirks-Frauentagen unserer Kirche kennen, an denen ich einige Male Vorträge zu halten hatte. Sie war die Vostandsdame der Evangelischen Frauenhilfe in Württemberg. Ich schätzte sie sehr. Wir hatten gute Gespräche miteinander. Ihr sind auch viele wertvolle Impulse für die Arbeit des MBK zu verdanken.«

»MBK?« fragte mein Mann. »Was ist das?«

»Mädchenbibelkreis«, erwiderte ich. »Ihr war es wichtig, daß junge Mädchen durch Gottes Wort den richtigen Einstieg ins Leben fanden.«

»Du mußt mir ein anderes Mal darüber Näheres erzählen. Aber jetzt sollten wir uns doch zuerst dem Neubau zuwenden, vor dem wir stehen. Du hast dich eben so begeistert über seine Lage und die schöne Aussicht geäußert, daß ich wirklich wünschen würde, wir bekämen hier eine passende Wohnung.«

»Aber dir gefällt es hier doch ebenso – oder nicht?«

»Doch, außerordentlich! Aber« – er wandte sich dem noch unfertigen Haus zu – »es müßte schon eigenartig zugehen, wenn...«

Ich unterbrach ihn. »Willst du damit sagen, daß es ein seltsamer Zufall wäre, wenn wir hier völlig unerwartet eine geeignete Wohnung für uns fänden?«

Mein Mann, der mir eine Enttäuschung ersparen wollte, versuchte meinen Wunschtraum ein wenig zu dämpfen. »Denk doch, andere Menschen suchen wochen-, monatelang, ja vielleicht Jahre nach einer passenden Wohnung, und wir sollten sie so gut wie ungesucht finden?«

Ich verstand ihn gut, mußte ihm aber in diesem Augenblick einfach widersprechen. »Könnte es nicht sein, daß Gott selbst uns hierher geführt hat? Könnte es nicht in seinem Plan liegen, daß gerade hier eine Wohnung für uns gebaut werden muß?«

Mein Mann blickte mich einen Augenblick lang nachdenklich an, und dann sagte er: »Doch, Elisabeth, es könnte sein!«

Und so war es dann auch. Wir lernten am nächsten Tag den Bauherrn und Besitzer dieses Hauses und dessen Frau kennen. Nach einem guten Gespräch unterzeichneten wir sofort den Mietvertrag.

So kamen wir nach Eybach, wo wir elf Jahre unseren Wohnsitz hatten. Wir liebten diesen kleinen Ort bald so, als wäre er unsere Heimat.

Diejenigen, die mich baten, doch unbedingt eine Fortsetzung meines Buches: ». . . als flögen wir davon« zu schreiben, waren der Meinung, ich hätte in den darauffolgenden zwanzig Jahren wieder eine Unmenge erlebt und dürfte es deshalb nicht bei meiner bisherigen Autobiographie belassen. »Sie begegnen doch ständig so vielen Menschen«, meinte eine Dame, »und erleben doch dauernd irgend etwas Interessantes.«

Nun ja, damit hat sie nicht unrecht. Aber sind es wirklich so außergewöhnliche Geschehnisse, daß sie meine Leser interessieren? Es stimmt allerdings, daß mein Mann und ich dauernd mit verschiedenen Menschenschicksalen konfrontiert werden. Aber vielfach sind es wirklich nur Dutzendschicksale, kaum einmal etwas Außergewöhnliches.

Während ich das niederschreibe, steigt in mir die Frage auf: Bist du eigentlich berechtigt, das ein Dutzendschicksal zu nennen, was doch für den einzelnen, der es erlebt, von größter Bedeutung ist?

Ist es wirklich nichts Besonderes oder Außergewöhnliches, wenn – wie in Eybach – eine zarte, schmächtige Frau, eine Kriegerwitwe, vierzig Jahre lang ihren vollständig gelähmten Sohn in großer Treue und unsagbarer Liebe versorgt? Der Sohn, der nur auf dem Rücken liegen kann, hat keine einzige wunde Stelle am ganzen Körper. Seit mehr als vierzehn Jahren besuchen wir die beiden regelmäßig, und immer liegt der Kranke sauber und gepflegt in seinem Bett. Nein, hier kann man wirklich nicht von einem Dutzendschicksal sprechen. Diese Frau hätte wahrlich Grund genug zu sagen: Ach, wenn man sich doch freuen könnte, aber ich kann es nicht! Woran und worüber sollte ich mich freuen, wenn ich Tag und Nacht das Elend meines Sohnes mit ansehen muß?

Und doch findet sie immer wieder einen Grund zur Freude. »Sehen Sie doch meinen Jungen an.« (Der über Vierzigjährige bleibt ihr Junge, obgleich er längst das Mannesalter erreicht hat!) »Ist er nicht ein lieber Kerl? Und wie er sich freuen kann! Wenn ich ihm erzähle, daß Sie und Ihr Mann zu Besuch kommen, jauchzt er laut auf. Oder wenn ich am Sonntagnachmittag an seinem Bett sitze und ihm aus der Bibel vorlese, freut er sich sehr.« Sie, die Mutter, ist davon überzeugt, daß er sie versteht, obgleich er sich mit keinem Wort dazu äußern kann. Sprechen kann er nicht, aber vor Freude jauchzen, das vermag er.

Natürlich gibt es viele Arten von Freude, laute und überschäumende wie auch stille und verborgene, von vielen Menschen gar nicht wahrnehmbar. Sie äußert sich etwa darin, daß der Betreffende sein schweres Schicksal annimmt und bejaht wie diese Frau. Dieses Bejahen läßt ihn innerlich ruhig und auch froh werden.

Es gehört zu den Lebenskünsten, sich an den kleinen Freuden am Wege erquicken und aufrichten zu können. Diese Kriegerwitwe, von der ich erzähle, führt mit ihrem schwer behinderten Sohn ein armseliges, trostloses Dasein – oberflächlich betrachtet. Aber ob es völlig freudlos ist? Nein, es entspräche nicht der Wahrheit, das behaupten zu wollen, denn sie hat es gelernt, was viele nicht vermögen, sich an den kleinen, unscheinbaren Lichtblicken zu erfreuen.

»Schauen Sie sich dieses herrliche Alpenveilchen an«, sagt sie strahlend bei einem unserer Besuche. »Zwölf Blüten trägt es, und eine ganze Reihe Knospen folgen noch. Eine Nachbarin hat es mir zum Geburtstag geschenkt.«

Freudestrahlend zeigt sie uns eine Ansichtskarte. »Die hat mir die Frau unseres Pfarrers aus ihrem Urlaub geschickt. Stellen Sie sich vor. Als gestern unser Arzt bei uns war, hat er meinen Jungen gefragt, ob seine Halsschmerzen jetzt verschwunden seien. Da hat er mit dem Kopf genickt. Somit ist doch klar erwiesen, daß er ihn verstanden hat. Wie freue ich mich darüber!«

Hätte ich der Mutter die Freude zerstören sollen, indem ich behauptet hätte: »Nein, das reden Sie sich nur ein. Ihr Sohn kann den Sinn des Gesagten nicht begreifen.« Es gehört vielmehr zu unseren Pflichten, denen, die nach unseren Begriffen ein freudloses Dasein führen, sich also auf der Schattenseite des Lebens befinden, zumindest kleine Freuden zu vermitteln.

Immer wieder, wenn mein Mann und ich in dem kleinen Häuschen einkehren, in dem die Witwe mit ihrem gelähmten Sohn lebt, kommt uns der Gedanke, daß wir es bei ihr wirklich mit einer »Heldin des Alltags« zu tun haben. In all den Jahren hat sie nie einen freien Tag gehabt, sie konnte sich nie eine Urlaubsreise leisten. Wenn sie eine dringende Besorgung machen muß, bittet sie eine Nachbarin, sich während ihrer Abwesenheit an das Bett ihres Sohnes zu setzen und auf ihn zu achten.

Sie sagt: »Er ist so an mich gewöhnt und vermißt mich, wenn ich nicht da bin. Wir gehören in Freud und Leid zusammen.« In Leid? Ja, das ist sichtbar, aber in Freude? Wo ist denn die in ihrem Leben zu finden? Das Alpenveilchen mit seinen vielen Blüten wird eines Tages verwelkt sein. Eins ist mir klar: Die Freude dieser Frau besteht in der Gewißheit, für ihren hilflosen Sohn zu leben und ihm soweit wie möglich zukommen zu lassen, was er für sein armes Dasein braucht.

Die Mutter dieses Kranken hat ihre eigene Auffassung von Freude. Sie ist entstanden aus ihrer selbstlosen Liebe und Opferbereitschaft. Ja, diese ist eine Heldin des Alltags, aber sie trägt keine Krone, jedenfalls keine sichtbare. Ich zweifle jedoch nicht daran, daß sie einmal zu denen gehören wird, von denen es heißt: »Sei getreu bis in den Tod, so will ich dir die Krone des Lebens geben.« Sie ist eine einfache, schlichte Frau, aber sie gehört zu den Treuen im Lande, und den Treuen gilt diese Zusage.

Aber ich wollte ja von unserer Einladung ins Eybacher Schloß erzählen. Es war in jener Zeit, als ich mit der Gräfin Ilona von Degenfeld-Schonburg öfter in der kirchlichen

Arbeit zusammentraf. Eines Tages lud sie meine Mutter und mich zum Essen ein. »Aber bringen Sie auf jeden Fall Ihre Pflegekinder mit«, sagte sie. Zur Zeit meines ersten Kinderheimes in Herrenalb waren zu den Erholungskindern auch zwei kleine Brüder im Alter von sechs und sieben Jahren zu mir gekommen, die mir der Evangelische Kinderrettungsverein übergeben hatte. Ihre bisherige Pflegemutter war gestorben. Ich beschloß, die Kinder zu behalten. Später kamen noch ein Junge und zwei Mädchen dazu. Alle Kinder, die von ihren Eltern gebracht worden waren, um sich zu erholen, kehrten nach kurzer Zeit in ihr Elternhaus zurück. Bei meinen Pflegekindern war das nicht möglich. Während des Krieges waren wir evakuiert worden und fanden entgegenkommender Weise im Gingener Pfarrhaus Aufnahme. In jener Zeit wurden wir eingeladen, im Eybacher Schloß einen Tag zu verbringen. Die Kinder waren nicht wenig aufgeregt. Ein großes Schloß inmitten eines schönen Parkes, ein richtiger Graf und eine richtige Gräfin!

Meine jüngste Pflegetochter, damals fünf Jahre alt, wollte wissen, was eine Gräfin ist. Ich antwortete: »Weißt du, so etwas ähnliches wie eine Prinzessin.« Ich überlegte nicht, daß die Kleine sich nach den Bildern ihres Märchenbuches eine Vorstellung machte. Es folgten noch ein paar gute Ratschläge. »Grüßt höflich! Benehmt euch anständig – ja, bitte – nein, danke! Seid bescheiden beim Essen, schlürft nicht beim Trinken und achtet auf eure Kleider, daß ihr keine Flecken macht.«

Wir waren in den Park gebeten worden. Die Frau Gräfin würde gleich erscheinen. Wenig später stand sie auf der Freitreppe und winkte uns freundlich zu, näher zu treten. Sittsam, wie sonst kaum, stiegen meine Kinder die Stufen hinauf. Meine Jüngste schien die Gräfin vom ersten Augenblick an ins Herz geschlossen zu haben. Sie eilte in freudiger Erwartung den anderen voraus; und ehe meine Mutter und ich oben angelangt waren, hatte sie beide Arme ausgebreitet und die Knie der Dame des Hauses umfaßt. Diese beugte sich wohlwollend zu dem Kind herab und drückte es an sich. Sie hätte so gerne eine eigene Tochter gehabt. Meine kleine Pflegetochter aber wandte sich plötzlich mir zu und stellte in sichtlicher Enttäuschung fest, so laut, daß die Herrschaften es vernehmen konnten: »Aber sie hat ja gar keine Krone auf dem Kopf.«

Das löste bei dem gräflichen Ehepaar – der Graf war inzwischen auch hinzugetreten – ein belustigtes Lächeln aus. Mir aber war ein wenig bange zumute. Würde es bei der Mahlzeit ohne Zwischenfall abgehen? Doch es klappte alles gut, zumal der Diener den Kindern sichtlich großen Respekt einflößte. Er stand in seiner Livree und mit weißen Handschuhen bei Tisch hinter dem Stuhl der Gräfin und nahm deren Anordnungen entgegen. Obgleich er in seiner uniformähnlichen Gewandung auch meiner kleinen Pflegetochter sehr gefiel, schien sie auf seinem Haupt keine Krone zu vermissen.

Ich erinnere mich, daß ich als kleines Mädchen – ich mochte etwa neun Jahre alt gewesen sein – ähnliche Vorstellungen hatte wie meine jüngste Pflegetochter, die die Krone auf dem Haupt der Gräfin vermißte. Ich wurde damals mit meiner Freundin, einer Engländerin, in das Schloß des Barons von Thiele-Winkler in Mecklenburg eingeladen. Wir waren im Ponywagen von der Erzieherin der Töchter des Barons abgeholt worden. In dem prächtigen Schloß kamen wir uns ziemlich unbeholfen vor, bis nach dem Einnehmen des Tees die jungen Baronessen mit uns im Park herumtollten – ganz wie andere Kinder auch. Was mich damals aber so sehr beeindruckte war, daß die Tante der beiden Mädchen, Eva von Thiele-Winkler, mit uns am Tisch saß, eine Frau im einfachen Diakonissenkleid, die unendliche Güte ausstrahlte. Gerade ihre Schlichtheit fiel mir besonders auf, obgleich ich noch ein Kind war. Irgendwie hatte ich mir eine solche Frau ganz anders vorgestellt, mit kostbarem Schmuck behängt, in Brokat oder Seide gekleidet. Auch sie trug keine Krone. Aber als ich später ihr Leben kennenlernte und mich mit ihrer schriftstellerischen Tätigkeit befaßte und dabei erfuhr, daß sie von einigen Hundert Waisen und anderen heimatlosen Kindern Mutter geworden war, wuchs meine Hochachtung ihr gegenüber immer mehr. Eva von Thiele-Winkler verzichtete persönlich auf allen Reichtum, um Gott an diesen Kindern zu dienen. Sie war eine Beterin. Das Gebet wurde die Grundlage ihres gesegneten Lebens. Sie ist mir zum leuchtenden Vorbild geworden.

Doch nun muß ich noch einmal zum Schloß in Eybach zurückkehren. Es ist mir unvergeßlich, wie Gräfin von Degenfeld-Schonburg mir einmal Einblick in ihr persönliches Leid gewährte. Ich saß an ihrem Krankenbett, das auch ihr Sterbelager wurde. Mit matter Stimme erzählte sie mir, daß sie und ihr Gatte zwei Söhne hatten. Ihr Wunsch nach einer Tochter war vergeblich gewesen. Der älteste Sohn, ein hochbegabter, vielversprechender junger Mann, mußte in den Krieg ziehen und kehrte von dort nicht mehr zurück. Er starb als junger Offizier auf dem Schlachtfeld. Der zweite Sohn hatte ein schweres unheilbares Leiden und blieb bei den Eltern. So war es nur zu verständlich, daß sein Schicksal die Mutter auf ihrem Sterbebett sehr beunruhigte. Ich besuchte sie in jenen Tagen öfter, saß dann bei ihr und verstand sehr wohl ihre große Sorge. Ich durfte ihr versichern, daß Gott sich nicht nur ihrer selbst, sondern auch des kranken Sohnes annehmen werde. Sie dürfe ihn getrost seinen Händen überlassen. Wie ungezählte Male vorher wurde mir erneut deutlich, daß wahrer Trost und Zuspruch nichts mit Reichtum zu tun haben, sondern allein aus den Quellen des ewigen Wortes Gottes geschöpft werden können. Sie erfuhr, was im Buch Nehemia (Kap. 8, 9) so wunderbar zu lesen ist, als dem trostbedürftigen Volk gesagt wird: »Seid nicht traurig und weinet nicht..., bekümmert euch nicht; denn die Freude am Herrn ist eure Stärke.«

Nach ihrem Tod ergab es sich dann, daß ein Onkel, der in Ungarn seinen großen Besitz durch den Umsturz verloren hatte, nach Deutschland kam und die Betreuung seines kranken Neffen übernehmen konnte. Das Vertrauen der sterbenden Mutter hatte so seine Erfüllung gefunden.

Wenn doch alle Bekümmerten den Zugang zu dem fänden, der gesagt hat: »Kommet her zu mir alle, die ihr mühselig und beladen seid, ich will euch erquicken.«

Mühselig und beladen! Sind wir das letztlich nicht alle? Die Kriegerwitwe mit ihrem gelähmten Sohn in dem winzigen Häuschen, die Gräfin in dem Schloß auf ihrem Krankenbett – und gleicherweise wir alle, ob wir es zugeben oder nicht, bis wir dahin kommen, die Lasten unseres Lebens in die Hände Gottes zu legen.

Die beiden Frauen in Eybach waren völlig verschieden in Art, Erziehung und Wissen. Sie haben wohl auch kaum je miteinander zu tun gehabt. Und doch sehe ich gewisse Parallelen – nicht nur in bezug auf Besitz und Armut. Jede dieser Frauen trug eine ganz persönliche Last. Wären sie sich begegnet, ich glaube, daß sie sich bei allen äußeren Gegensätzen als Schwestern empfunden hätten, weil sich beide als Kinder des einen Vaters im Himmel wußten.

Manches Mal habe ich mich darüber gewundert, wie viele Menschen meine einfach geschriebenen Bücher gelesen haben. Was ist die Ursache dafür, daß in unserer schreibwütigen Zeit so viele Menschen, die meist sensationelle Literatur der christlichen vorziehen, zu solchen Büchern greifen? Bietet nicht das Fernsehen täglich spannenden Stoff, der meist noch einen gewissen Nervenkitzel erzeugt? Manche romantischen Wege, die zum Lebensglück führen sollen, werden aufgezeigt. Es ist viel von Liebe die Rede, die in Wirklichkeit aber oft etwas ganz anderes ist. Verbrechen und Kriminalität werden so selbstverständlich geschildert, daß der schädliche Einfluß keine Frage ist. Natürlich gibt es auch gute Sendungen. Bei alledem bleibt die Frage, ob christliche Bücher in einer Zeit offensichtlicher Gottentfremdung überhaupt noch Zugkraft haben.

Nicht nur die Auflagenhöhe meiner eigenen Bücher gibt

darauf eine bejahende Antwort, sondern auch der Verkauf vieler anderer Bücher mit bewußt christlichem Inhalt. Kommt es daher, daß letztlich in jedem Menschen so etwas wie eine Sehnsucht nach dem Überirdischen, nach Göttlichem ist? Trotz des großen Angebots von Literatur bleibt das menschliche Herz vielfach leer und unbefriedigt. Eleonore Fürstin Reuß drückt das in einem Lied so aus:

Ich bin durch die Welt gegangen,
und die Welt ist schön und groß,
und doch ziehet mein Verlangen
mich weit von der Erde los.

Ich habe die Menschen gesehen,
und sie suchen spät und früh,
sie schaffen, sie kommen und gehen,
und ihr Leben ist Arbeit und Müh.

Sie suchen, was sie nicht finden
in Liebe und Ehre und Glück,
und sie kommen belastet mit Sünden
und unbefriedigt zurück.

Es ist eine Ruhe vorhanden
für das arme, müde Herz;
sagt es laut in allen Landen:
Hier ist gestillet der Schmerz.

Es ist eine Ruhe gefunden
für alle, fern und nah;
in des Gotteslammes Wunden
am Kreuze auf Golgatha.

Solchen, die sich darüber wundern, daß heute noch christliche Literatur gelesen wird, würde ich gerne – wäre es nicht ein Vertrauensbruch – Einblick in meine vielen Leserbriefe gewähren. Sie beweisen, wie groß das Verlangen nach Frieden, Ruhe und Harmonie in Ehen und Familien ist. Ich habe nicht den Ehrgeiz, eine überragend geistig und an allen Neuheiten interessierte Leserschaft zu haben, sondern bin glücklich, aus den Zuschriften entnehmen zu können, daß viele Leser durch meine Bücher für ihr Leben neue Hoffnung schöpfen und wieder kindlich glauben lernen konnten. Mir ist bewußt, daß manch einer meine Bücher achselzuckend zur Seite legt und sagt: »Mit solchen Büchern weiß ich nichts anzufangen, sie haben mir nichts zu sagen.« Das mag in der Tat der Fall sein. Aber es ist wohl auch nicht mein Auftrag, in erster Linie für sie zu schreiben, sondern für solche, deren Herz offen ist für die schlichte Heilsbotschaft, oder für solche, die sich nach einem neuen Leben mit Gott sehnen. Darin sehe ich meinen Lebensauftrag.

Als eines Tages gerade wieder ein neues Buch von mir erschien, schrieb eine Journalistin dazu eine Rezension in einer Zeitung. Dort hieß es unter anderem: »Elisabeth Dreisbach versteht, spannend zu erzählen, aber sie schildert immer wieder Familien, die so intakt sind, daß man sie heute kaum noch findet...«

Ich war nicht bereit, diese Rezension unwidersprochen hinzunehmen und bat telefonisch um eine Unterredung. Die Dame besuchte mich. Als sie mir gegenübersaß, sagte ich, daß es nicht der Wirklichkeit entspräche, wenn sie behaupte, es gäbe heute keine harmonischen Familien mehr.

»Zumindest ist das etwas sehr Seltenes«, erwiderte sie.

Ich versuchte ihr klarzumachen, daß da, wo man mit der Wirklichkeit Gottes rechnet, auch Harmonie ist. Das bedeutet nicht, daß in solchen Häusern alles nach Wunsch geht, daß es keine Schwierigkeiten, Enttäuschungen oder Probleme mit den Kindern oder in der Ehe gibt. Aber die Botschaft des Evangeliums ist wegweisend in der Bewältigung solcher Situationen.

Die Journalistin war der Meinung, es gäbe nachweislich mehr unglückliche Ehen als andere. Sie erinnerte an die vielen Ehescheidungen und die damit zusammenhängende hohe Selbstmordziffer.

»Und doch sehe ich es als meine Aufgabe an, auch auf glückliche Familien und gute Ehen hinzuweisen«, erwiderte ich. »Über zerrüttete Ehen wird genug geschrieben. Ich halte es für wichtig, in meinen Büchern deutlich zu machen, daß es auch anders möglich ist. Das ist meine feste persönliche Überzeugung.«

Deshalb spreche ich auch in diesem Buch von Glauben, Hoffnung und Liebe, wie ich es in all den Jahren meiner schriftstellerischen Tätigkeit getan habe.

Als mein Mann und ich nach Eybach gezogen waren, öffnete sich uns bald ein neues Betätigungsfeld. Uns war es selbstverständlich, daß wir uns sogleich für das kirchliche Leben interessierten. Eybach ist überwiegend katholisch. Wir wußten, daß die evangelische Gemeinde lange Zeit kein eigenes Gotteshaus gehabt hat und in der freundlicherweise zur Verfügung gestellten katholischen Kirche zu den Gottesdiensten zusammengekommen war.

Als wir zum ersten Mal die gerade erst erbaute evangelische Kirche besichtigten, kam unverhofft der Gemeindepfarrer hinzu. Wir sagten, daß wir nach Eybach zugezogen sind. Dann fragte mein Mann, ob er einmal auf der Orgel spielen dürfe. Voller Interesse hörte der Pfarrer zu und fragte gleich anschließend, ob mein Mann bereit sei, den Orgeldienst in den sonntäglichen Gottesdiensten und auch bei anderen Anlässen zu übernehmen. In den elf Jahren unseres Dortseins hat mein Mann diesen Dienst getan. Es blieb nicht allein dabei. Nachdem in jener Zeit außer dem Kindergottesdienst keine Arbeit unter Jugendlichen angeboten werden konnte, erklärten wir beide uns bereit, einen Jugendkreis zu beginnen und zu leiten.

In jener Zeit war es noch üblich, daß die angehenden Konfirmanden zumindest ein Jahr vor ihrer Einsegnung jeden Sonntag zum Gottesdienst kamen. Glücklicherweise bestehen auch heute noch viele Gemeindepfarrer darauf. Ohnehin ist die Frage von Taufe und Konfirmation in unserer Kirche zum Problem geworden, die allen evangeliumstreuen Seelsorgern große Not bereitet. Für viele Eltern ist die

Taufe ihrer Kinder und ebenso die Konfirmation nichts anderes als ein Familienfest, zu dem man die nächste Verwandtschaft einlädt und bei dem es vor allem um gutes Essen und Trinken geht. Kein Wunder, daß viele Konfirmanden darauf aus sind, eine Menge Geschenke zu erhalten, womit sie sich dann voreinander brüsten.

»Ich habe über dreihundert Mark bekommen.«

»Ha, das ist noch gar nichts! Über fünfhundert sind es bei mir. Mein Patenonkel allein hat mir zweihundertfünfzig Mark geschenkt, und da wollten die andern sich auch nicht lumpen lassen.«

Ein Mädchen berichtet: »Ich habe eine Waschmaschine für meine Aussteuer bekommen.«

»Und ich schöne Bettwäsche, zweimal komplett für ein Doppelbett.«

Die andern sticheln: »Na ja, dann kannst du ja bald ans Heiraten denken.«

Obgleich verantwortungsbewußte Pfarrer sehr bemüht sind, die Eltern ihrer Konfirmanden davor zu warnen, ihnen an ihrem Festtag Alkohol anzubieten, kommt es doch immer wieder vor, daß Konfirmanden am Abend ihres Festtages zumindest angeheitert, wenn nicht gar betrunken sind. Mir war es in den zwanzig Jahren meiner Vortragstätigkeit immer wieder ein ernstes Anliegen, bei Konfirmanden-Elternabenden oder auch, wenn ich zu ihren Söhnen und Töchtern zu sprechen hatte, folgendes zu erklären: »In der Taufe spricht Gott zu dem Täufling: Ich will dein Vater sein. Er streckt, bildlich gesprochen, seine Hand nach dem Kind aus. Dasselbe geschieht bei der Glaubenstaufe. Nur daß dann der Täufling, der ein gewisses Alter erreicht haben muß, vor der Taufe bekennt, eine persönliche Entscheidung für Jesus Christus getroffen zu haben. Für ihn gilt das Schriftwort: ›Wer da glaubt und getauft wird, der wird selig werden; wer aber nicht glaubt, der wird verdammt werden.‹ Hier ist zweifellos die Betonung auf das Wort *glauben* gelegt. Nun kann es natürlich sein, und ich habe dies in einigen

Fällen erlebt, daß es auch bei der Glaubenstaufe solche gibt, die keine bewußte Entscheidung für Christus getroffen haben, sondern sich vielleicht aus Familientradition oder aus irgendwelchen andern Gründen taufen ließen. Ich weiß aber auch von vielen, die ihre Glaubenstaufe sehr ernst nahmen.

Warum ist die Taufe in unserer evangelischen Kirche für viele Christen ein Problem geworden? Wie viele Eltern und Paten nehmen das Taufgelübde, das sie einmal ablegten, überhaupt nicht mehr ernst. Sie versprechen während des Taufaktes auf die Frage des Pfarrers, ob sie gewillt sind, das Kind christlich zu erziehen: ›Ja, mit Gottes Hilfe.‹ Wer dies nicht gleichgültig ausspricht, dem ist klar, daß die Vorbereitung auf die Konfirmation, die eine Bestätigung des Taufbundes ist, schon gleich nach der Taufe beginnen muß. Sie ist nicht nur Aufgabe des Pfarrers, sondern vor allem die Pflicht der Eltern und Paten.

Wie oft aber ist nie über einem Kind oder mit dem Kind gebetet worden, in der Familie nie ein christliches Lied gesungen oder gemeinsam ein Gottesdienst besucht worden.

Es gibt heute schon viele Kinder in Deutschland, die nicht mehr wissen, wer Jesus ist. Darum muß immer wieder darauf hingewiesen werden, daß die Hand Gottes, die in der Taufe über dem Kind ausgestreckt wurde, einmal ergriffen werden und die Antwort lauten muß: ›Gott-Vater, ich will dein Kind sein.‹

Dies ist der eigentliche Sinn der Konfirmation: Bestätigung des Taufbundes. Zweifellos wäre der Konfirmand überfordert, würde man von ihm verlangen, daß dieses allein am Tag der Einsegnung geschehen muß. Manche nehmen diese Gedanken bereits in den Konfirmanden-Vorbereitungsstunden sehr ernst. Aber es muß ja nicht dieser vorgeschriebene Tag sein. Jedoch ist es biblisch, daß jeder Mensch in seinem Leben diese Entscheidung für sich treffen muß. Die Bibel nennt es Bekehrung oder Wiedergeburt.

Ich habe eine kleine Konfirmandenfreundin, ein feines

sensibles Mädchen. Es ist das einzige Kind seiner Eltern. Zwei Pfarrer taten sich zusammen, um einen dreitägigen Ausflug mit ihren Konfirmanden zu unternehmen. Das Ziel war ein Schullandheim, das ihnen zur Verfügung gestellt worden war. Meine kleine Freundin, eine eifrige Leserin meiner Bücher, freute sich sehr auf diese Tage. Bitter enttäuscht kam sie danach zu ihren Eltern zurück.

»Stellt euch vor«, berichtete sie, »es gab dort so etwas wie eine Diskothek. Bis nachts um zwei Uhr saßen unsere Pfarrer mit uns zusammen. Schallplatten wurden aufgelegt und Kassetten gehört. Dabei wurden Spiele gemacht und Witze erzählt. Es ging sehr ausgelassen und laut zu.«

»Ihr habt doch hoffentlich keinen Alkohol getrunken?« fragte die Mutter.

»Na, das wäre die Höhe!« schaltete der Vater sich in das Gespräch ein. »Du weißt doch, daß es verboten ist, Jugendlichen unter sechzehn Jahren alkoholische Getränke anzubieten.«

»Hat es dir denn gefallen?« forschte die Mutter.

»Zuerst fand ich es recht lustig. Aber dann habe ich mich gefragt, ob so etwas zu einem Konfirmandenausflug gehört. Unsere Pfarrer konnten es nicht verhüten, daß einige der Jungen und Mädchen zeitweise in die Nacht hinaus gingen und längere Zeit wegblieben. Ich wurde nach zwölf Uhr so müde, daß ich mich kaum aufrechthalten konnte, wagte aber nicht, mich als einzige in den Schlafraum zu verziehen. Nein, Mutti, gefallen hat mir das ganz und gar nicht. Ich hatte mir etwas ganz anderes vorgestellt.

Als ich später eine meiner Schlafkameradinnen fragte, was wohl ihre Mutter zu dieser Art von Konfirmandenausflug sagen würde, meinte sie: Meine Eltern sind nicht engherzig. Sie sagen, daß man der Jugend ihre Freude gönnen soll.«

Liegt es nicht doch vielfach an uns und unserer Gesinnung, was unsere jungen Leute von derartigen Veranstaltungen halten und erwarten, oder haben wir keinen Einfluß mehr auf sie? Ein Elternpaar meinte: »Wir dürfen nicht kleinlich sein. Die heutige Jugend ist eben anders, als wir es in diesem Alter waren. Man kann das Rad der Zeit nunmal nicht zurückdrehen.«

Ich erinnere mich an ein Gespräch, das ich vor Jahren mit einer angehenden Konfirmandin hatte. Sie sagte: »Von mir aus könnte die Einsegnung gut ausfallen. Ich will nämlich gar nicht fromm sein.«

»Und warum willst du nicht fromm sein?«

»Am Wege der Christen«, so antwortete sie, »gibt es so viele Verbotszeichen: Dies darfst du nicht, und jenes gehört sich nicht. Hier darfst du nicht mitmachen, und dort darfst du nicht hingehen. Darum will ich nicht fromm sein und kann gut auf die Konfirmation verzichten.«

»Warum besuchst du dann den Konfirmandenunterricht und läßt dich einsegnen?«

»Weil meine Mutter darauf besteht. Dabei ist sie selber nicht fromm und ebensowenig ihr Freund, der bei uns wohnt. Nur wegen meiner Großmutter hält sie an der Konfirmation fest. Sie sagt, man dürfe es der alten Frau nicht antun, daß ich nicht eingesegnet werde.«

Was soll man dazu sagen? Ich versuchte, dem Mädchen zu erklären, daß ihre Meinung von den Verbotstafeln am Wege der Christen nicht richtig ist und daß wir völlige Freiheit haben, unsere Entscheidungen zu treffen. Aber unsere Auffassung hat sich geändert. Wir finden als bewußte Christen gar nicht mehr alles schön, gut und hilfreich, was uns die Welt bietet. Wir wollen gar nicht mehr alles mitmachen. Das liegt daran, daß in uns eine Sinnesänderung durch Christus stattgefunden hat.

Ein anderes Erlebnis mit einem angehenden Konfirmanden war dieses: Ein mir bekannter Pfarrer fühlte sich veranlaßt, den Vater eines der Jungen, die er einsegnen sollte, zu besuchen. Er sagte: »Ihr Sohn schwänzt wiederholt den Konfirmandenunterricht, und wenn er erscheint, kommt er bestimmt zu spät und stört die anderen. Ich bitte, daß sie diesbezüglich mit ihm reden.« Der Vater rief den Jungen, gab ihm in Gegenwart des Pfarrers eine schallende Ohrfeige und schrie seinen Sohn an: »Da höre ich ja schöne Dinge von dir! Merke dir ein für alle Mal: Solange du zum Konfirmandenunterricht gehst, hast du zu parieren. Was du nachher tust, das ist mir gleich!«

Welch eine Auffassung!

Wir fühlten uns in Eybach innerlich angeregt, die künftigen Konfirmanden, die regelmäßig zum Gottesdienst kamen, anzusprechen und sie zu fragen: »Hättet ihr Lust, bei einem Jugendabend mitzumachen? Wir wären bereit, alle vierzehn Tage an einem Abend hier im Gemeindesaal mit euch zusammenzukommen.«

»Und was wird da gemacht?« fragten einige.

»Wir wollen mit euch singen, gemeinsam Spiele machen, mit euch Lebensfragen besprechen und an jedem Abend eine kurze Andacht halten und gemeinsam über Gottes Wort reden.«

Die Reaktion der jungen Leute war zuerst einmal Staunen und unsicheres Schweigen.

»Besprecht es mit den anderen und ladet sie dazu ein. Wir wollen inzwischen mit unserem Gemeindepfarrer reden und euch – wenn er einverstanden ist – am kommenden Sonntag den Termin nennen.« Natürlich hatten wir einen Fehler gemacht. Daran war ich in meiner raschen Art schuld.

»Wir hätten zuerst mit unserem Pfarrer sprechen sollen«, sagte mein Mann. »Wir können ihn doch nicht vor vollendete Tatsachen stellen.« Er hatte recht. Erfreulicherweise nahm unser Pfarrer aber unser Angebot sofort an und gab gerne seine Zustimmung. Nun waren wir, mein Mann und ich, schon damals keine jungen Leute mehr. War es nicht ein Wagnis, in unserem Alter noch einen Jugendkreis zu beginnen? Waren wir noch imstande, für die jungen Leute Verständnis aufzubringen, wo man doch immer behauptet, es bestehe eine unüberbrückbare Kluft zwischen jung und alt? Unsere Freude war groß, als am ersten Abend fünfzehn junge Leute, Mädchen und Jungen, erschienen. Am zweiten und dritten Abend waren es sogar einige mehr. Es bildete sich ein konstanter Kreis von zwanzig bis fünfundzwanzig Jugendlichen, die regelmäßig zusammenkamen. Mein Mann übernahm es jedesmal, gleich zu Anfang, wenn sie durch Singen, Spielen und Diskutieren noch nicht an Spannkraft verloren hatten, eine Andacht von etwa zehn Minuten zu halten, die stets mit einem freien Gebet geschlossen wurde.

Warum erzähle ich das so ausführlich? Um denen das Gegenteil zu beweisen, die der Meinung sind, eine solche Jugendarbeit sei heute nicht mehr zeitgemäß. Die Jugendabende waren oft sehr anstrengend, so daß wir manchmal recht abgekämpft nach Hause kamen. Aber wir wußten, es lohnt sich. Vor allem schien es uns notwendig, die jungen Leute mit lebensnahen Fragen zu konfrontieren und ihnen vom Wort Gottes her zu antworten. Wir erinnern uns gerne an diese Zusammenkünfte mit den Jugendlichen unserer Gemeinde. Natürlich ging nicht alles von vornherein glatt und ohne Schwierigkeiten. Besonders unter den Jungen waren einige, die eine gewisse Zeit brauchten, ehe sie erkannt hatten, daß es hier nicht um etwas Ähnliches wie um einen Kegelklub oder Sportverein ging. Nichts gegen diese, aber es ist eben doch ein Unterschied, ob man etwas für den inneren Menschen weitergeben möchte oder andere Interessen hat.

Da waren z. B. ein paar Jungen zwischen vierzehn und sechzehn Jahren, die es darauf abgesehen hatten, jeden dieser Abende zu stören, indem sie sich etwa über die Andacht lustig machten oder absichtlich fürchterlich falsch sangen, wenn wir mit dem Jugendkreis ein Lied einübten. Sie kamen vorsätzlich zu spät und störten so die anderen. Wir mußten einige Male ganz energisch werden und ihnen klarmachen, daß zwar die Teilnahme an diesen Abenden freiwillig sei, aber daß wir erwarten würden, daß sich jeder der Anwesenden der Ordnung anpasse und sich in das Programm des Abends einfüge. Wir seien auf keinen Fall gewillt, uns die Veranstaltungen durch einige stören oder verderben zu lassen. Wir forderten sie auf, sich zu entscheiden, ob sie weiter am Jugendkreis teilnehmen wollen oder lieber fernbleiben möchten. Diese zwei, drei Jungen merkten bald, daß wir nicht bereit waren, uns von ihnen drangsalieren zu lassen und zogen die Konsequenzen. Die anderen kamen desto treuer.

Als Weihnachten nahte, konnten wir die jungen Leute dafür begeistern, ein von mir verfaßtes Krippenspiel in der Kirche aufzuführen. Vor allem gefiel ihnen, daß sie keine Rollen auswendig zu lernen hatten und somit auch nicht steckenbleiben konnten. Angeregt durch die lebenden Bilder, die ich bei den Oberammergauer Passionsspielen gesehen hatte und die in die eindrucksvollen Darbietungen der mehr als tausend Mitwirkenden eingefügt waren, ließ ich die Weihnachtsgeschichte in lebenden Bildern darstellen. Die farbenprächtigen Gewänder, die schon im Berghaus St. Michael verwendet worden waren, machten sich äußerst wirkungsvoll. Jahre hindurch wurde dieses Weihnachtsspiel am Heiligen Abend in unserer dann stets übervollen Kirche aufgeführt. Die Vorbereitungen gaben Anlaß zu manchen ernsten Gesprächen mit den Jugendlichen, denen ich klar zu machen versuchte, daß sie nicht nur für weihnachtliche oder stimmungsvolle Unterhaltung zu sorgen, sondern einen speziellen Evangeliumsauftrag zu erfüllen hätten.

Zwischen den lebenden Bildern sprach ich selbst den weihnachtlichen Text, während mein Mann das Ganze mit entsprechendem Orgelspiel untermalte.

Uns fiel auf, daß einige der Jugendlichen keine Ahnung von gutem Benehmen zu haben schienen, obgleich keiner von ihnen aus asozialen Verhältnissen kam. Auch auf diesem Gebiet hat sich in unserer Zeit manches verändert. Man erlebt es heute öfter, daß kleinere Kinder kaum noch ein »Bitte« oder »Danke« kennen. Ob die Eltern der Meinung sind, daß die Erziehung dazu eine Einengung der persönlichen Freiheit oder eine Behinderung der Selbstentfaltung ihrer Kinder sei?

Ich denke an den ersten Weihnachtsabend, den wir mit unserem Jugendkreis in Eybach veranstalteten. Mein Mann und ich hatten weiß gedeckte Tische mit Tannengrün geschmückt. Inzwischen habe ich hören müssen, daß manche jungen Leute dies sentimental, völlig überholt und unnötig nennen. Wir hatten an jeden Platz einen bunten Teller mit Äpfeln, Nüssen, Mandarinen, Kleingebäck und Süßigkeiten gestellt. Davor standen Kerzen, die wir zu Beginn anzündeten. Dann riefen wir unsere Jungen und Mädchen herein, die bis dahin vor der geschlossenen Tür warteten.

War es lächerlich von uns, auf eine gewisse Reaktion gespannt zu sein, wie wir sie aus früherer Zeit kannten? Nur einige wenige betraten erwartungsvoll und sichtlich überrascht den Raum. Die meisten stürmten mit großem Hallo herein, drängelten und schubsten sich, ehe sie sich mit Gepolter auf die Stühle fallen ließen. Hier und da vernahm man freudige Ausrufe wie: »Spitze! Pfundig! Klasse!« Und dann begannen die meisten ohne Aufforderung zu essen, ihre Orangen und Mandarinen zu schälen und sich mit den Schalen zu bewerfen. Dabei überflogen ihre Augen die anderen Teller, um zu prüfen, ob bei der Verteilung der guten Dinge auch gerecht vorgegangen worden war und ein anderer nicht etwa mehr hatte als man selbst.

Mein Mann und ich blickten uns erstaunt an. Wenn wir geglaubt hatten, daß dieses weihnachtliche – wenn auch bescheidene – Fest in einem gewissen Rahmen verlaufen würde, wurden wir bald eines anderen belehrt. Doch wir waren nicht gewillt, uns das Heft aus der Hand nehmen zu lassen.

»Halt! Halt!« riefen wir in die lärmende, lachende und sich sichtlich freuende Schar hinein. »Wir wollen doch gemeinsam beginnen, meint ihr nicht auch?«

Nun erst schien es einigen klar zu werden, daß ihr Benehmen unpassend gewesen war. Fast verlegen legten sie die bereits angebissenen Äpfel zurück auf den Teller und blickten uns erwartungsvoll an. Ob wohl wieder zuerst mit einer Andacht gerechnet werden mußte? Wir teilten Gesangbücher aus, und ich sagte einige erklärende Worte über das Lied: »Lobt Gott, ihr Christen allzugleich«, dabei vor allem über den Vers: »Heut schließt er wieder auf die Tür zum schönen Paradeis...«

Nun war es erfreulich, wie sich alle mit hineinnehmen ließen in die schönsten und tiefsten Gedanken der Weihnachtsgeschichte und kräftig mitsangen. So wurde es doch noch ein schönes Fest für uns alle.

Uns war es ein Anliegen, mit den Jugendlichen wichtige und zeitgemäße Lebensfragen durchzusprechen. Unsere Jüngsten waren dreizehn Jahre alt, die Ältesten etwa dreiundzwanzig. An einem Abend kamen wir auf Freundschaft, Ehe und Partnerschaft zu sprechen. Irgendeiner der Teilnehmer schnitt das Thema »Ehe ohne Trauschein« an. Damals war es noch nicht so üblich, wie es heute vielfach der Fall ist, daß unverheiratete junge Leute zusammenleben, um sich »auszuprobieren«, wie man sagt, bevor sie heiraten oder auch nicht.

»Wie ist eure Meinung darüber?« fragten wir. Zuerst einmal allgemeines Schweigen, bei einigen verlegene Gesichter.

Aber es war offensichtlich, daß dies ein Thema war, mit dem sich schon alle beschäftigt hatten. Da meldete sich zu unserer Verwunderung ein erst fünfzehnjähriger Junge zu Wort.

»Ich finde«, sagte er, »wenn zwei unverheiratet zusammenziehen und tun, als wäre dies eine Ehe, dann ist das meiner Meinung nach nur ein Abenteuer. Eine Ehe bedeutet doch, daß man beisammenbleibt, nachdem man sich gegenseitig Treue gelobt hat, daß man einander erträgt, auch wenn man nicht immer gleicher Meinung ist. Mit der Zeit wächst man dann immer mehr zusammen und läuft nicht auseinander, wenn man Probleme hat, sondern versucht, sich immer besser zu verstehen.«

Wie kam dieser Junge zu dieser Auffassung? fragten wir uns. Hatte er vielleicht Ähnliches in seiner Familie erlebt? Nun brachten auch andere ihre Meinung zum Ausdruck. Man hörte ein Für und Wider zu dieser Auffassung. Daraufhin bemühten wir uns, den jungen Leuten von der Bibel her zu zeigen, daß Gott selbst die Ehe eingesetzt hat und ein ständiger Partnerwechsel nicht in seinem Sinne sei – abgesehen davon, daß es nach Jesu Worten Ausnahmefälle gibt, in denen eine Ehescheidung berechtigt ist.

Wir hatten das Empfinden, die meisten jungen Leute waren dankbar, daß man sie ernst nahm und mit ihnen Probleme besprach, für die man sich in vielen Familien nicht Zeit nahm oder sie in lässiger, oberflächlicher oder gar zweideutiger Art und Weise behandelte.

Leider machte eine Erkrankung unserer schönen Aufgabe ein Ende. Ich kam meines Herzens wegen ins Krankenhaus nach Schwäbisch Hall, so daß wir den Jugendkreis nicht weiterführen konnten.

Doch haben wir den Weg einiger unserer jungen Leute verfolgen können. Eines der jungen Mädchen ist Krankenschwester geworden, eine andere ging mit ihrem Mann nach Südafrika, wo er auf einer Missionsstation der Herrnhuter Brüdergemeine noch heute als Arbeitstherapeut tätig ist und den Einheimischen bei ihrer beruflichen Ausbildung wertvolle Anleitung gibt. Seine Frau gehörte zu denen, die ziemlich regelmäßig unsere Jugendabende besucht und innerlich bejaht haben.

Schon um dieser zwei Mädchen willen hatte es sich gelohnt, unsere Jugendabende durchzuführen. Ich bin aber überzeugt, daß sich auch andere Teilnehmer bei Gelegenheit an dort stattgefundene Gespräche erinnern werden.

Es war uns ein ernstes Anliegen, die jungen Menschen erkennen zu lassen, wie schön es ist, als bewußter Christ zu leben und daß dies der Weg zur wahren Freude ist.

»Worüber und woran soll ich mich denn noch freuen?« Das ist eine Frage, die vor allem von älteren und alten Menschen gestellt wird, oft in großer Resignation und Hoffnungslosigkeit.

Nicht nur der Dienst an jungen Leuten gehörte zu unseren Aufgaben in Eybach. Wie vielen sind wir in den elf Jahren unseres Dortseins begegnet, die die längste Wegstrecke ihres Lebens schon hinter sich hatten! Wir trafen sie in der Kirche und in unserer Nachbarschaft.

Ganz besonders erinnere ich mich an gelegentliche Spaziergänge in den umliegenden Wäldern oder auf dem Reiterweg, der an der Reitschule vorbeiführte. Es war immer schön, dort die gepflegten Pferde mit ihren Reitern zu beobachten.

Auch andere Spaziergänger erfreuten sich an diesem Bild. Man grüßte sich im Vorbeigehen oder traf sich auf den Bänken unter den Buchen. Eichhörnchen huschten über den Weg und an den Baumstämmen empor. Waldvögel kamen zutraulich näher, weil sie es gewöhnt waren, gefüttert zu werden.

Auf den wiederholten Spaziergängen blieb es meist nicht bei einem kurzen Grüßen. Man kam miteinander ins Gespräch. Vor allem Rentner suchten diese Wege auf – Alleinstehende, aber auch Ehepaare. Manchmal hatten wir den Eindruck, als warteten einige schon auf uns. Wir setzten uns zu ihnen auf eine Bank, und es dauerte meist nicht lange, da gewährten sie uns Einblick in ihr Leben. Einige litten sehr unter ihrer Einsamkeit. Sie kamen immer wieder hierher in der Hoffnung, daß sich jemand zu ihnen setzen und sie in ein Gespräch ziehen würde.

»Oft vergehen Tage, ohne daß auch nur ein Mensch mit mir spricht«, war die Klage eines alten Rentners. Manchmal fragten wir uns, was wohl die Ursache dafür ist, daß manche Leute uns so freimütig ihre Lebensschicksale erzählten. Ist es nicht so, daß viele unter der Verständnis- und Lieblosigkeit ihrer Umgebung leiden? Oft bedarf es nur einiger freundlicher Worte und der Bereitschaft zum Gespräch, und der Kontakt ist schon hergestellt.

Was bewog wohl die Frau mittleren Alters, uns an ihrer großen Sorge teilnehmen zu lassen, obgleich wir sie nur flüchtig kennengelernt hatten? »Ich habe einen einzigen Sohn«, erzählte sie. »Er besaß ein gutgehendes Geschäft. Seine Ehe war glücklich zu nennen. Er hing auch an seinen Kindern. Dann lernte er eine attraktive, recht oberflächliche Frau kennen, die auf ihn keinen guten Einfluß ausübte. Es war, als wäre er durch sie verhext. Er begann Schulden zu machen, vernachlässigte seine Familie und gab seiner eigenen Frau nur noch unzureichend Haushaltsgeld für sie und die vier Kinder. Eines Tages machte er bankrott und zog zu der anderen Frau. Wie eine böse Macht war es über ihn gekommen. Eines Tages erklärte er seiner Frau, daß er sich von ihr scheiden lassen wolle, um seine Geliebte zu heiraten. Meine Schwiegertochter weigert sich, in die Scheidung einzuwilligen.«

»Ich habe ihn aus Liebe geheiratet«, sagte sie, »und ihm Treue gelobt bis zum Tod. Ich gebe ihn nicht frei. Und die Kinder sollen ihren Vater behalten, selbst wenn sie über seine Handlungsweise empört sind. – Vor meiner Schwiegertochter habe ich die größte Hochachtung. Sie hat sich wieder eine Bürostelle gesucht. Vor ihrer Eheschließung war sie nämlich im kaufmännischen Beruf tätig. Sie erzieht ihre Kinder in vorbildlicher Weise. Wie sehr ich als Mutter unter der Handlungsweise meines Sohnes leide, brauche ich ihnen sicher nicht zu sagen. Fast jeden Abend – immer lassen es meine Kräfte nicht zu – gehe ich zu meiner Schwiegertochter, um im Haushalt zu helfen. Sie kommt oft sehr erschöpft vom Büro heim. Ihre Kinder, die bis auf die jüngste Tochter alle ins Gymnasium gehen, nehmen der Mutter an Arbeit ab, was nur möglich ist. Aber auch sie leiden natürlich unter der Belastung.«

Wie hätten wir Worte finden können, diese Frau zu trösten? Genügten da überhaupt Worte? Auch dieses Mal, wie schon so oft in solchen Situationen, erkannten mein Mann und ich, wie hilflos man solchen Problemen gegenüberstehen kann. Aber auch hier gilt: Das Wissen um die Not eines Menschen verpflichtet.

Ob die Mutter dieses treulosen Sohnes mich verstand, als ich sagte: »Ich weiß nicht, was Sie vom Beten halten und ob es Ihnen etwas bedeuten kann, wenn ich Sie an ein Wort der Bibel erinnere: ›Wirf dein Anliegen auf den Herrn, er wird dich versorgen.‹ In einer anderen Übersetzung heißt es: ›Wälze die Last deines Lebens auf den Herrn, und dann komm zur Ruhe, er wird's wohl machen.‹«

»O doch!« erwiderte sie. »Glauben Sie mir, wenn ich nicht täglich beten würde, wäre ich an dieser Enttäuschung, die mir mein Sohn zugefügt hat, längst verzweifelt. Auch meine Schwiegertochter betet für die Umkehr ihres Mannes wie auch ihre Kinder für den Vater.«

Nun war es an uns, getröstet zu sein. Wir waren ja nicht imstande, der Familie ihres Sohnes die schwere Last abzunehmen, unter der sie litt und seufzte. Aber daß sie sich gemeinsam an die rechte Adresse wandten, an den, der allein helfen kann, das wurde auch für uns ein Trost.

Wir lernten diese Frau näher kennen und erkannten sehr bald, daß sie zu den Menschen gehörte, die der Aufforderung des Apostels Paulus Folge leisten: »Seid fröhlich in Hoffnung, geduldig in Trübsal, haltet an am Gebet.« Sie war eine fröhliche Christin, ein ausgeglichener Mensch. Das empfanden sowohl die Schwiegertochter als auch ihre Enkel wohltuend.

Bis jetzt hatte sie nicht erlebt, daß ihr Gebet für den irregeleiteten Sohn erhört wurde. Aber sie konnte dennoch froh sein – fröhlich in der Hoffnung, daß Gottes Stunde kommt, in der Er dem Sohn zu stark werden würde. Sie wartete geduldig in der Trübsal, die ihr auferlegt worden war, so schwer ihr dies oft auch fiel, und sie hielt an am Gebet und hörte nicht auf, ihre Not immer wieder vor Gott auszubreiten, denn schließlich wußte sie:

In dir ist Freude in allem Leide,
o du süßer Jesu Christ!
Durch dich wir haben himmlische Gaben,
du der wahre Heiland bist;
hilfest von Schanden, rettest von Banden.
Wer dir vertrauet, hat wohl gebauet,
wird ewig bleiben. Halleluja!
Zu deiner Güte steht unser G'müte;
an dir wir kleben in Tod und Leben,
nichts kann uns scheiden. Halleluja!

(Johann Lindemann, 1549–1631)

Freuen müßte man sich können – dieser Wunsch bleibt für viele Menschen unerfüllt, weil sie den nicht kennen, der allein bleibende Freude zu geben vermag. Mit allem, was ich in diesem Buch schreibe und berichte, möchte ich darum bezeugen, daß die Freude am Herrn meine Stärke ist und daß sie das für jeden sein kann.

Hier geht es um ein wunderbares Geheimnis, das die Welt um uns nicht kennt. Sie nennt uns wirklichkeitsfremde Phantasten, die von einer Fata Morgana Hilfe erwarten, also von einem Trugbild, das nicht der Wirklichkeit entspricht.

Ich habe ungezählte Menschen kennengelernt, die in den Enttäuschungen ihres Lebens verzweifelten oder resignierten. Ich bin aber auch ebensovielen begegnet, die die Wahrheit des eben zitierten Liedes erfahren haben und sie bestätigen konnten: »In dir ist Freude in allem Leide, o du süßer Jesu Christ...« Darin heißt es weiter: »Wenn wir dich haben, kann uns nicht schaden Teufel, Welt, Sünd oder Tod.«

Wollte ich dies verschweigen, würde ich mich Gott und den Menschen gegenüber schuldig machen.

Ich könnte von vielen Leuten erzählen, zu denen wir in den elf Jahren, die wir in Eybach lebten, Kontakt hatten. Wer mit offenen Augen durch seine Tage geht, erlebt immer wieder etwas, wodurch er angeregt wird, Freude zu vermitteln und Traurige zu trösten. Es sind oft gar nicht außergewöhnliche Ereignisse. Man müßte nur dahin kommen, an keiner Not, die einem begegnet, lieblos vorüberzugehen. Es müßte einem zum Herzensanliegen werden, Freude weiterzugeben. Ja, ich sage bewußt »weitergeben«, denn was man selbst nicht besitzt, kann man nicht anderen vermitteln. Gott will, daß wir uns freuen. Man sollte sich einmal die geringe Mühe machen, in der Bibel nach Worten der Freude zu forschen. Man würde erstaunt sein, wieviel dazu in der Heiligen Schrift gesagt wird.

Allerdings ist von anderen Freuden die Rede als solchen, die uns so oft im Alltag begegnen. Es gibt edle, das Herz erhebende irdische Freuden. Wir denken dabei an Gottes Natur, an die Musik, an den Umgang mit wertvollen Menschen, an gute Bücher und anderes mehr. Es ist erstaunlich, mit welch »billigen Freuden« sich Menschen begnügen. Mir fällt ein älteres Ehepaar ein, das wir anläßlich eines Krankenbesuchs kennenlernten. Diese beiden Menschen lassen sich im Fernsehen nicht eine einzige Faschingssendung entgehen. Weil sie etwas behindert sind, können sie an solchen Veranstaltungen nicht mehr wie früher teilnehmen. Verwundert stellten wir fest, daß sie sich mit derartig armseligen Angeboten zu begnügen schienen. Eines Tages überreichte mir die Frau einen größeren Briefumschlag.

»Sie erkundigen sich immer so nett nach unserem Ergehen«, sagte sie. »Hier habe ich etwas, was meinem Mann und mir so viel Spaß macht. Ich möchte es Ihnen schenken und hoffe, daß Sie sich darüber auch ein wenig freuen.« Als ich zu Hause den Inhalt des Umschlags betrachtete, konnte ich nur den Kopf schütteln.

»Sieh nur«, sagte ich zu meinem Mann, »was wir für ein Geschenk bekommen haben. Was machen wir nur damit?« Er nahm das Bild – einen billigen bunten Druck – und betrachtete es. Es stellte eine Faschingsszene dar; verkleidete, mehr oder weniger geschmacklos aufgeputzte Menschen, deren Gesichter hinter Masken verborgen blieben. Sie tanzten auf der Straße, verrenkten die Glieder und tranken.

Am liebsten hätte ich das Bild sofort vernichtet, aber ich konnte es in diesem Augenblick einfach nicht. Hatte die Frau uns mit diesem eigenartigen Geschenk nicht eine Freude bereiten wollen? Ich war froh, mich bei der Annahme des Umschlags herzlich bedankt zu haben, ohne zu wissen, was in ihm enthalten war. Es war gut so, sonst hätte ich vielleicht, um ehrlich zu sein, sagen müssen: »Gute Frau, so etwas bedeutet uns nichts. Mein Mann und ich sind nicht für Fasching.« Dadurch hätte ich sie aber verletzt, denn ihr und ihrem Mann bedeutete das Fastnachtstreiben ja so viel.

Auch ein solches Geschenk muß mit Augen erbarmender Liebe gesehen und mit Dank entgegengenommen werden, und das ohne den geringsten Anflug von Dünkel oder Überheblichkeit.

Es ergab sich eines Tages doch eine Gelegenheit, mit diesem Ehepaar zu sprechen und behutsam zum Ausdruck zu bringen, wie wir über das Faschingstreiben denken. Wir gaben unserer Überzeugung Ausdruck, daß sich hinter den lachenden, grinsenden und weinenden Gesichtern oft namenloses Elend verbirgt.

Doch mit solcher Feststellung ist es ja nicht getan. Von uns wird ein offenes Bekenntnis erwartet, und das ist gar nicht immer leicht. Dazu gehört nicht nur Mut, sondern auch ein feines inneres Einfühlungsvermögen und eine tiefe Überzeugung.

Nicht weit von uns wohnte eine alleinstehende Frau. Sie schien zu kaum einem Menschen Verbindung zu haben. Ihre Katzen und Hühner waren die einzigen Lebewesen, die ihr etwas bedeuteten. Nachdem wir kurze Zeit in Eybach wohnten und des öfteren an ihrem Haus vorbeikamen, grüßten wir sie, als sie sich einmal im Garten zu schaffen machte.

Nur zögernd wurde unser Gruß erwidert.

»Wie kommt ihr denn dazu, mich anzusprechen?« schienen ihre Augen zu fragen. »Habt ihr etwa auch von den Gerüchten gehört, die um mich kreisen? Seid ihr nur neugierig und wollt wissen, was daran wahr ist?« In der Tat wurden wir nach einigen Wochen angesprochen, als jemand beobachtet hatte, daß wir diese Frau grüßten. Wir gingen darauf in keiner Weise ein. Wie schnell ist der Ruf eines Menschen zerstört! Wir antworteten deshalb: »Jedenfalls ist diese Frau sehr einsam. Sie scheint keinen Menschen zu haben, der zu ihr gehört.«

»Ihr genügen die Katzen und andere Tiere, die sie bei sich hat«, war die wenig freundliche Erwiderung. »Das sagt doch alles!«

Es dauerte einige Zeit, bis es zu einem Gespräch zwischen uns und der einsamen Frau kam. Der Anknüpfungspunkt waren tatsächlich ihre Katzen und ihre Hühner. In den Augen dieser verbitterten Frau schien alle Freude erloschen zu sein. Sie sah aus, als erwarte sie nichts mehr vom Leben. Ob sie wohl schwer enttäuscht worden war?

Einmal sagte sie zu uns: »Tiere sind treuer als Menschen und ohne Falsch.«

Gab es denn keinen Weg, dieser Frau zur Freude zu verhelfen, wenigstens dann und wann zu einer kleinen Freude?

Weihnachten nahte. Mein Mann und ich überlegten, wem wir am neuen Wohnort einen Weihnachtsgruß bringen sollten. Dabei dachten wir auch an diese Frau. Es war nur ein bescheidener Gruß in der mit rotem Band und Tannengrün geschmückten Schachtel. Erstaunt blickte sie uns an, als wir vor ihrer Tür standen.

»Das soll für mich sein? – Ja, wieso? – Warum? – Ich – Ich –«

»Es ist doch Weihnachten, und wir wollten Ihnen eine kleine Freude machen.«

Tatsächlich, in ihren Augen standen Tränen.

»Aber warum? – Ich weiß gar nicht...«

»Nehmen Sie es nur, und freuen Sie sich daran.« Aus den Fenstern der umliegenden Häuser strahlten am Abend die Kerzen von den Christbäumen. In der Wohnung dieser Frau blieb es dunkel.

Wie staunten wir, als sie nach einigen Wochen an unserer Wohnungstür klingelte. In ihrer hochgenommenen Schürze brachte sie zehn frische Eier.

»Die haben meine Hühner gelegt. Ich möchte sie Ihnen bringen, weil Sie damals an Weihnachten so freundlich an mich gedacht haben.«

Wir baten sie näherzutreten und boten ihr einen Stuhl an. Verwundert blickte sie sich bei uns um. »Oh, Sie haben es aber schön! Hier würde es mir auch gefallen.«

»Aber Sie hätten uns doch nicht auch ein Geschenk bringen müssen. Sie brauchen die Eier bestimmt für sich selbst.«

»Nein, so viele kann ich schon entbehren. Und man gibt halt, was man hat. Daß Sie am Christtag an mich dachten, werde ich Ihnen nie vergessen.«

Noch einige Male kam die einsame Frau zu uns. Nicht lange danach starb sie plötzlich. Niemand war bei ihr, nur ihre Katzen und Hühner.

Immer werden wir an irgend jemand schuldig, und immer wieder müssen wir Versäumnisse beklagen.

Als wir vor einiger Zeit jemand begegneten, der recht niedergeschlagen war über verschiedene Nachrichten, Berichte aus Zeitungen und der Tagesschau, die seiner Ansicht nach Grund zu ernster Besorgnis gaben, sagte mein Mann: »Beim besten Willen kann man im Blick auf die Zukunft die Lasten der ganzen Welt nicht auf sich nehmen. Es ist naheliegend, daß in uns manches Mal die Frage aufsteigt, was wohl noch alles auf uns zukommen wird.«

Ich schaltete mich in das Gespräch ein und sagte: »Aber es ist bei allem gut zu wissen, daß Gott im Regimente sitzt und einmal das letzte Wort im Weltgeschehen sprechen wird. In vielen Fällen ist das einzige, was wir tun können bei all dem Jammer, der beim Gedanken an die Zukunft über uns herfallen will, ihm unsere Sorgen anzubefehlen. Denkt an den König Hiskia, von dem die Bibel erzählt, der von seinen Feinden einen niederträchtigen Brief erhielt. Was tat er in dieser ausweglosen Situation? Er nahm den Brief, eilte zum Tempel, also ins Gotteshaus, und breitete die Schmähschrift seiner Feinde auf den Stufen des Altars aus in der Gewißheit, daß Gott um den haßerfüllten Brief weiß und eingreifen würde. So geschah es dann auch.«

Es gibt in unserem Lebensbereich Fälle, in denen wir Menschen trösten und ihnen in ihrer wirtschaftlichen, körperlichen oder familiären Not beistehen können. Es ist sehr wichtig, daß wir das auch tun. Ich meine aber, daß es meist zu wenig ist.

Seelsorge ausüben zu dürfen, ist eine besondere und oft auch sehr beglückende Aufgabe, besonders dann, wenn Menschen für Trost und Wegweisung aus dem Wort aufgeschlossen sind. Seelsorge kann aber auch etwas vom Schwersten sein, wobei man seine eigene Hilflosigkeit bedrückend empfindet. Ich denke an zwei Erlebnisse, von denen ich berichten möchte:

Nach einem Vortragsabend wurde ich von einem Herrn angesprochen, der mich bat, ihm Gelegenheit zu geben, irgendwann und irgendwo mit mir über seine familiären Verhältnisse zu sprechen. Dazu möchte er seine Frau mitbringen. So geschah es dann auch.

An einem der nächsten Tage hielt ein teurer Wagen vor unserer Haustür, dem ein gut gekleidetes Ehepaar entstieg. Es dauerte nicht lange, daß mir Einblick in ein erschütterndes Familiendrama gewährt wurde. Drei schon erwachsene Kinder dieses Ehepaares hatten einen Selbstmordversuch unternommen. Für zwei von ihnen gab es keine Rettung mehr, während das jüngste der Kinder ins Leben zurückgeführt werden konnte. Ich will davon absehen, das Gespräch mit dem Ehepaar in Einzelheiten wiederzugeben. Zwei Aussprüche aber sind mir vor allem haften geblieben. Der Mann sagte: »Dabei ist es mir doch so wichtig, als Christ zu leben und dies auch vor anderen nicht zu verschweigen.« Seine Frau erwiderte darauf: »Ich meine, es ist vor allem wichtig, daß du dich endlich um deine Familie kümmerst, wie es deine Pflicht ist.«

Bei meinen vielen seelsorgerischen Aufgaben ist mir meine eigene Ratlosigkeit selten so stark bewußt geworden wie bei diesem Gespräch. Sowohl der Mann als auch die Frau hatten zu ihrem Teil recht. Aber irgend etwas stimmte da doch nicht! Ich kam mir diesen beiden Menschen gegenüber unendlich hilflos vor und konnte Gott in meinem Herzen nur bitten, daß mein Versuch, ihnen *seine* Liebe und *sein* Erbarmen nahezubringen, gelingen möge.

Ein anderes Erlebnis liegt viele Jahre zurück. Ich hielt einen Evangelisationsvortrag in Landsberg an der Warthe. In dem gut besetzten Saal befanden sich auch einige junge Männer im Alter von etwa zwanzig Jahren. Sie scheuten sich nicht, durch spöttisches Lachen und laute Zwischenbemerkungen den Vortrag zu stören. Nach Beendigung des Abends standen sie vor dem Saal, fast so, als würden sie auf mich warten. Mir kam es wie eine Herausforderung vor, der ich mich aber stellte. Ich versuchte, mit ihnen in ein persönliches Gespräch zu kommen und war bemüht, ihnen klarzumachen, welche Verantwortung sie hätten, nachdem sie Gelegenheit gehabt hatten, Gottes Angebot zur Errettung ihres Lebens anzunehmen. Doch ihre Reaktionen waren auch jetzt nicht anders als vorher.

Am frühen Morgen des nächsten Tages suchte mich einer dieser jungen Männer voller Schrecken auf und brachte mich an das Kranken- und Sterbebett seines Freundes, der ebenfalls den Vortrag gehört hatte. Durch einen Blutsturz war er bereits besinnungslos, als ich das Zimmer betrat. Seine Mutter stand weinend am Bett ihres Sohnes. Mir blieb nichts anderes zu tun, als mit ihr für den sterbenden Sohn zu beten, daß Gott sich seiner erbarme!

Diese und andere Erlebnisse sind mir ein Beweis dafür, wie schwer der Dienst eines Seelsorgers sein kann. So mancher Not stehen wir machtlos gegenüber. Dann ist es gut zu wissen, daß es nicht vergeblich ist, darüber mit Gott zu reden. Unsere Seufzer und Gebete erreichen sein Ohr. Gott hat Mittel und Wege, einzugreifen und zu helfen. Doch was wir selbst tun können, das nimmt Gott uns nicht ab. Darum sollten wir möglichst an niemand schuldig werden und es nicht an der Liebe fehlen lassen.

Mein Mann erinnerte mich einmal daran, was wir ein paar Tage zuvor in unserer Morgenandacht gelesen hatten: »In Jesaja 35 steht: ›Stärket die müden Hände und macht fest die wankenden Knie. Saget den verzagten Herzen: Seid getrost, fürchtet euch nicht!‹«

Wenn ich an die in unserer Zeit immer größer werdende Zahl von Hilfsbedürftigen denke, so gehören sie doch alle zu denen, die in diesem Wort gemeint sind: Menschen mit verzagten Herzen, mit müden Händen, ohne Hoffnung und Zukunftsaussichten.

Gott wird uns nicht für das weltumfassende Elend verantwortlich machen. Aber wir sollten die Gelegenheiten, die sich in unserem Alltag in der Begegnung mit einzelnen Menschen bieten, nicht ungenutzt lassen.

Ich denke an einen alten einsamen Mann, dem wir einige Male auf dem Kirchgang begegneten. Er ist katholisch und besucht den Gottesdienst seiner Kirche. Als wir ihn eines Sonntags ansprachen, gewährte er uns in den wenigen Augenblicken, die wir bei ihm auf der Straße standen, Einblick in die Einsamkeit seines Alltags, unter der er leidet. Da ist keiner, der ihn einmal fragt: »Wie geht es dir?« oder: »Was kann ich für dich tun?« Es fiel uns auf, daß sein Hemdkragen schmutzig und zerrissen war, auch sein Anzug hatte Flecken. Dabei leben einige seiner Verwandten im Nachbarort. Man sollte doch meinen, daß sie nach ihm hätten schauen können. Wir fragten, ob wir ihm einige Hemden meines Mannes bringen dürften. Doch er lehnte ab: »Danke, ich benötige Ihr Geschenk nicht. Ich habe, was ich brauche.«

Es ist also gar nicht immer so leicht zu helfen, selbst wenn man es will. Dabei ist aber wichtig, daß wir das, womit wir anderen helfen oder sie erfreuen möchten, nicht in der Form eines Almosens geben.

Eines Tages machte uns jemand darauf aufmerksam, daß in einem nicht ganz nahegelegenen Dorf eine schwer zuckerkranke Frau allein mit ihrem sprachbehinderten Sohn in einem winzigen Häuschen lebte, daß ihr der Besitzer zu einem für sie tragbaren Preis vermietet hatte. Der Junge ging noch zur Schule. Wegen seiner Sprachbehinderung mußte er eine Sonderschule besuchen, die weit von seinem Wohnort entfernt lag. Täglich wurde er mit einem Kleinbus abgeholt und wieder zurückgebracht.

Der Gedanke an diese Frau ließ uns nicht los. Weil sie für uns ziemlich weit entfernt wohnte, konnten wir uns nicht sogleich entschließen, sie aufzusuchen. Aber dann wurden wir unruhig darüber, daß wir diesem inneren Auftrag noch nicht Folge geleistet hatten. So fuhren wir eines Tages zu ihr. Es war eine schöne Fahrt durch einen jetzt im Winter märchenhaft wirkenden Wald, der im Schmucke glitzernden Rauhreifes prächtig aussah. Niemand begegnete uns an diesem bitterkalten Tag. Bald waren wir auf der Hochebene der Schwäbischen Alb. Weit und breit war kein Haus zu sehen. In der Ferne ließen schneebedeckte Dächer ein Dorf erahnen.

Wir fanden das einsame Häuschen. Es war uns unerklärlich, wo diese Frau, die wir besuchen wollten, hier eine Einkaufsmöglichkeit hatte. Brot und Milch waren wohl das wenigste, was sie benötigte.

Wir stiegen aus dem Auto, und mein Mann fragte mich: »Wie willst du denn unser Kommen erklären? Sie kennt uns doch nicht und wird kaum gewillt sein, wildfremde Menschen bei sich einzulassen.«

Lange standen wir vor der verschlossenen Haustür. Wir klopften, riefen – klopften wieder. Endlich meinten wir, innerhalb des Hauses ein leises Geräusch zu vernehmen. Wieder dauerte es eine Weile. Unterdrücktes Sprechen drang an unser Ohr. Schließlich fragte eine Stimme: »Ist jemand da draußen?«

Wir nannten unseren Namen, mit dem sie allerdings nichts anfangen konnte. Da kam mir plötzlich die Idee, sie zu fragen, ob man bei ihr eventuell ein paar Eier kaufen könnte.

Mein Mann sah mich an. Über sein Gesicht huschte ein belustigtes Lächeln, und er flüsterte mir zu: »Eier, jetzt bei dem Wetter? Die Hühner möchte ich sehen, die bei diesem Schnee Eier legen. Oder vielleicht doch?«

Ich zuckte die Achseln. So weit gingen meine landwirtschaftlichen Kenntnisse nicht.

Jetzt wurde die Gardine eines kleinen Fensters um ein winziges Stück beiseitegeschoben. Man schien sich vergewissern zu wollen, wie die Leute aussähen, die mitten im Winter ohne triftigen Grund den Berg heraufgekommen waren, um nach Eiern zu fragen. Wir schienen wohl harmlos zu wirken. Also öffnete man die Tür einen kleinen Spalt weit. Die Stimme einer Frau, die wir bis dahin aber nicht sehen konnten, antwortete: »Nein, ich verkaufe keine Eier. Ich habe keine Hühner.«

Jetzt wurde, halb verborgen hinter der Frau, die wir nun zu sehen bekamen, auch der Kopf eines Jungen sichtbar. Beiden stand die Angst auf dem Gesicht geschrieben. Ich fragte: »Dürfen wir nicht einen Augenblick hereinkommen? Wir sind aus Eybach und haben gehört, daß Sie krank sind. Wir wollten nach Ihnen sehen.«

Und tatsächlich – man ließ uns, die Fremden, ein. Wir betraten ein winziges Stübchen, das jedoch ungeheizt und bei diesem Wetter eiskalt war. Nachdem wir mit der Frau einige Worte gewechselt hatten, schien ihr Mißtrauen zu weichen; denn sie bat uns, in die Küche zu kommen, dem einzigen Raum, der im Haus geheizt war.

Sie mochte uns abnehmen, daß wir gekommen waren, um ihr irgendwie zu helfen. Doch war sie auch jetzt noch sehr zurückhaltend. Der Junge, mit dem wir uns zu unterhalten versuchten, antwortete ebenfalls nur zögernd.

Diesem ersten Besuch folgten im Laufe der Monate mehrere. Die Kälte ging zurück, der Schnee schmolz, und das uns zuerst entgegengebrachte Mißtrauen, das wir gut verstehen konnten, wich. Nachdem die Frau uns nach und nach Einblick in ihr Leben gewährt hatte, konnten wir begreifen, warum sie keine Fremden einließ und auch nicht jedes Telefongespräch entgegennahm.

Wie konnten wir in diesem Fall nur helfen? Mit einigen Lebensmitteln war es nicht getan. Diese Frau mußte es spüren und mit der Zeit glauben, daß wir es gut mit ihr meinten. Der Junge war an Wochentagen stundenlang fort in der ziemlich weit entfernten Schule. Ihr selbst war es durch die körperliche Verfassung unmöglich, in das nächste Dorf zu gehen, um dort einzukaufen. In solcher nicht nur äußeren, sondern auch inneren Einsamkeit gestaltete es sich nicht ganz einfach, ihr zu helfen. Da sie Schweres erlebt hatte, war sie fremden Menschen gegenüber mißtrauisch geworden. Es brauchte schon eine gewisse Zeit, bis wir das Empfinden hatten, ihr Vertrauen erworben zu haben.

Über zwei Jahre hatten wir mit ihr Verbindung. Wir bemühen uns auch noch jetzt, wo wir nicht mehr in Eybach wohnen, den Kontakt aufrecht zu erhalten. Zwar war und ist es uns auch heute nicht möglich, die Last ihres Lebens, ihre Krankheit und mancherlei Enttäuschungen von ihr zu nehmen. Aber sie soll spüren, daß sie nicht allein gelassen ist. Bei unseren Besuchen kamen wir natürlich auch auf das zu sprechen, was uns lebenswichtig ist, auf unseren Glauben und die Verbindung mit Gott.

Man mag fragen, ob das sinnvoll ist und dieser Frau etwas nützen kann. Ihre Verhältnisse sollte man ändern, werden manche sagen. Weil wir dazu aber nicht imstande sind, sollten die Frau und ihr Sohn wenigstens unseren guten Willen, unser liebevolles Eingehen auf sie spüren.

Dazu gehörte aber auch, daß wir sie an dem teilnehmen ließen, was wir als äußerst wichtig erkannten. Natürlich konnten wir damit nicht einfach ins Haus fallen, sondern mußten hierfür einen geeigneten Augenblick abwarten. Als wir wieder einmal dort waren, ergab er sich.

»Es ist schade«, sagte ich, »daß Sie hier oben keine Gelegenheit zu einem Gottesdienstbesuch haben. Im nächsten Dorf ist zwar eine Kirche, aber dorthin zu gehen wird Ihnen wohl nicht möglich sein.«

»Ja, das ist zu weit für mich«, antwortete sie, »und außerdem ist das eine evangelische Kirche. Wir sind katholisch.« Fragend blickte sie uns an, als wollte sie prüfen, ob wir als Evangelische nun auch weiterhin zu ihr kommen würden. Wir versuchten ihr klarzumachen, daß Gott weder von einer äußeren Form noch von irgendeiner Kirche abhängig ist. Weil sie jetzt aber keine Verbindung zu einer Kirche habe, wäre es doch schön, wenn wir hier in ihrer Wohnung eine Andacht halten könnten.

»Meinen Sie nicht auch?« fragte ich sie.

Die Frau blickte uns unsicher an, ohne zu antworten.

Ich fuhr fort: »Gott ist überall erreichbar, wo man ihn mit aufrichtigem Herzen anruft. Ist es Ihnen recht, wenn wir jetzt mit Ihnen einige Verse aus Gottes Wort lesen?«

Sie verneinte es nicht, und wir wandten uns an ihren Sohn. »Du hast doch sicher eine Schulbibel? Kannst du uns daraus etwas vorlesen?«

Der Junge nickte und reichte mir die Bibel. Nachdem ich eine passende Stelle ausgesucht hatte, las er diese auch wirklich vor, wenn auch stockend und verlegen. Und dann beteten wir in ihrer Küche miteinander das Gebet des Herrn, das Vaterunser, das beide auswendig konnten.

Es blieb nicht bei dem einen Mal. Fortan gehörte eine Andacht zu unseren Besuchen. Als wir einmal ohne sie aufbrechen wollten, erinnerte uns die Frau daran, die sich inzwischen auch an unser freies Gebet gewöhnt hatte. Man kann daraus keine Norm machen. Aber wo man sich in seinem Innern dazu gedrängt fühlt, sollte man jede Gelegenheit dazu wahrnehmen.

»Sehen Sie doch, wie die Blumen in meinem Gärtchen

wachsen«, sagte an einem Sommertag die Frau zu uns. Mühsam hatte sie sich auf schwerem, steinigen Boden ein kleines Stückchen Land umgegraben. Es fiel ihr nicht leicht, sich zu bücken, die Pflanzen zu begießen und Unkraut zu jäten. Aber diese paar Quadratmeter Erde waren ihre ganze Wonne. Als an ihrem Zaun bunte Wicken emporrankten und ich erfreut spontan ausrief: »Wicken, oh wie schön! Das sind meine Lieblingsblumen!« da schnitt sie mir davon einen Strauß. Das war für sie bestimmt ein Opfer.

»Wie herrlich die duften!« sagte ich und hatte den Eindruck, als fühle sich die Frau selbst durch meine Aussage beschenkt. Wie leicht können wir Menschen durch ein Lob, durch eine Anerkennung oder Bestätigung erfreuen und ermutigen. Und wie oft unterlassen wir es.

Eine Geschäftsfrau erfuhr, daß wir öfter »auf den Berg« fuhren, um nach dieser Frau zu sehen.

»Was, die besuchen sie?« war ihre Reaktion. »Wissen Sie denn nicht, daß...« Unzweideutig wollte sie eine unfreundliche Bemerkung über die Frau machen. Vielleicht war es unhöflich von mir, sie zu unterbrechen: »Nein, wir wissen nichts von ihr, doch eines ist gewiß, diese Frau lebt dort oben krank und in großer Einsamkeit, und sie braucht es, daß man sich um sie kümmert.«

Längst waren wir in Eybach heimisch geworden und fühlten uns dort wohl. Neben unseren Schutzbefohlenen, deren Zahl immer größer wurde, hatten wir auch gute Verbindungen zu den Leuten unserer Kirchengemeinde und gewannen aus diesem Kreis manche Freunde. Auch mit unseren Pfarrersleuten verstanden wir uns gut und waren sehr froh, in ihnen klar ausgerichtete Christen kennenzulernen. Vom ersten Tag unseres Dortseins an hatten wir auch guten Kontakt mit unserem Hausbesitzer und seiner Frau. Einige Male im Jahr besuchten wir uns gegenseitig, besonders zu den Festtagen wie Weihnachten oder an Geburtstagen. Niemals machte sich zwischen uns Disharmonie breit. Die beiden Kinder wuchsen vor unseren Augen heran, und wir freuen uns noch heute, nachdem einige Jahre vergangen sind, über jede Begegnung mit ihnen.

Auch zu einigen Nachbarhäusern hatten wir bald ein gutes Verhältnis, das durch Gedankenaustausch oder bei gelegentlichen gegenseitigen Besuchen zum Ausdruck kam.

In jener Zeit bekam ich Gehbeschwerden, die mit den Jahren immer heftiger wurden. Ich dachte bei mir: Es wird mir doch nicht so gehen wie meiner Großmutter Lisette, die bereits mit fünfundvierzig Jahren so von Rheuma und Gicht gequält wurde, daß sie an zwei Stöcken gehen mußte? Aber ich hatte die fünfundvierzig ja längst hinter mir, und es fehlten nur wenige Jahre bis zu meinem achtzigsten Geburtstag. Da war es wohl nichts Außergewöhnliches, wenn man Rheuma oder Arthritis bekam. Ich mußte schließlich lernen, damit fertig zu werden und mich mit diesem Zustand abzufinden. Das schreibt sich leicht – muß aber doch erst gelernt sein. Ich bin immer noch dabei, es zu lernen und ein Ja zu diesen und anderen Altersbeschwerden zu finden.

Die steile Straße, die zu unserer Wohnung emporführte, begann mir beschwerlich zu werden. Lange haben wir gezögert, uns mit dem Gedanken zu befassen, daß der Augenblick kommen könnte, an dem ich wegen meiner Gehbehinderung diese Steigung nicht mehr schaffe, zumal wir außerdem achtzehn Stufen außerhalb des Hauses zu unserer Wohnung hinaufsteigen mußten. Wir schoben diese Erwägungen immer weit von uns. Vielleicht würde sich mein Zustand wieder bessern. Wir waren hier so heimisch geworden, daß wir oft bei der Rückkehr von einer weiten Autofahrt und beim Anblick der bewaldeten Höhen und des Tales ausriefen: »Unser liebes Eybach!«

In der Anfangszeit war ich mit meinem Mann einige Male auf dem Himmelsfelsen gewesen. Vom Tal bis hinauf auf die Höhe hätte ich es auch damals kaum zu Fuß geschafft. So fuhren wir eben mit dem Auto hinauf. Oben auf der Hochfläche zu gehen, das war mir noch gut möglich. Wir schwärmten unsern Besuchern oft vor, wie schön es dort sei und daß der Ausblick vom Himmelsfelsen hinunter ins Tal mit dem Ort Eybach jedesmal ein freudiges Erlebnis wäre.

Einmal besuchten uns zwei Damen, eine Berlinerin und eine Schweizerin. Die letztere lächelte allerdings ein wenig überlegen, als wir ihnen vorschlugen, auf den Berg zu steigen und den Himmelsfelsen aufzusuchen. Nach schweizer Begriffen sind das keine Berge, sondern nur Hügel.

Bei ihrer Wanderung begegneten diesen Damen zwei Männer in grüner Kleidung, wie sie meinten Waldarbeiter. Sie grüßten freundlich und gaben bereitwillig Auskunft, als eine der Damen fragte: »Ist dies der Weg, der nach Eybach führt?«

»Ja, gehen Sie nur immer geradeaus, dann senkt sich der Weg ins Tal, und Sie kommen direkt in den Ort.«

Die Berlinerin, die sich schon vorher für das schöne, von alten Bäumen umgebene Schloß interessiert hatte, fuhr fort: »Wir kommen gerade von der entgegengesetzten Seite und finden die Gegend hier sehr schön. Die Wälder hier in der Umgebung gehören doch wohl Ihrem Grafen. Sagen Sie dem Herrn da unten im Schloß einmal, daß er dafür sorgen soll, daß dieser Weg bald hergerichtet wird; der ist nicht gerade empfehlenswert für Fremde. Der Graf sollte ihn einmal von seinen Waldarbeitern ausbessern lassen.«

»Ja«, sagte der eine der Männer. »Ich werde ihm Ihren Wunsch vortragen.«

»Kennen Sie den Grafen persönlich?«

»Oh ja, ich kenne ihn gut!« Er schien weitergehen zu wollen, wandte sich aber noch einmal um und sagte: »Ich bin Graf Degenfeld.«

Nun kam selbst die Berlinerin in eine gewisse Verlegenheit. »Oh, entschuldigen Sie! Das konnte ich nicht wissen.«

»Kein Grund zur Entschuldigung«, erwiderte der Graf liebenswürdig. »Ich werde dafür sorgen, daß der Weg hergerichtet wird.« Er wechselte noch einige Worte mit den Damen, grüßte höflich und ging mit seinem Begleiter, der ein Förster zu sein schien, weiter.

Mein Mann und ich trafen verschiedentlich mit einigen älteren Damen zusammen, zwei Gräfinnen, die nach schweren Erlebnissen in der Nachkriegszeit im Eybacher Schloß Aufnahme gefunden hatten. Wir holten sie gelegentlich mit unserem Auto von dort zu uns. Dabei lernten wir auch den jetzigen Schloßbesitzer und seine Gattin kennen.

Natürlich kamen wir auch mit katholischen Bewohnern des Ortes in Berührung. In manchen von ihnen lernten wir ernste Christen kennen, obwohl wir in Glaubensfragen nicht immer gleicher Meinung waren. Mein Mann wurde einige Male gebeten, in der katholischen Kirche bei Abwesenheit des dortigen Organisten die Orgel zu spielen. Ich begleitete ihn dann und saß neben dem Instrument bei ihm. In Sonderheit erinnere ich mich an einen Ostersamstagabend, an dem vor jedem der vielen Besucher eine Kerze stand, die jedoch erst später angezündet wurden. Dazu holten die Ministranten die Flamme von einer großen, bis in den hintersten Winkel der Kirche sichtbaren Kerze im Altarraum, dem sogenannten Osterlicht.

All die vielen kleinen Kerzen erhielten nun ihr Licht von dem Osterlicht; und bald erstrahlte die ganze Kirche, die zu Beginn des Gottesdienstes nur von wenigen Kerzen beleuchtet war, in hellem Schein.

Nach der Feierstunde, die mich sehr beeindruckte, nahm jeder das vor ihm stehende brennende Licht, um es durch die Dunkelheit nach Hause zu tragen. Es war nicht ganz einfach, die brennende Kerze vor dem Wind zu schützen und zu verhüten, daß das Licht erlosch, bevor das Ziel erreicht war.

Ein Junge, dem es so erging, eilte zurück in die Kirche. Er hätte seine Kerze ebensogut an einem Licht der Kirchgänger neu anzünden können. Aber es war ihm wichtig, es an dem Osterlicht in der Kirche zu tun. Nachdem dies geschehen war, ging er vorsichtig, Schritt für Schritt, die Flamme behutsam mit der davor gehaltenen Hand schützend, nach Hause.

Das wurde mir zu einer Lektion. Auch unser Licht, das wir

als Christen leuchten lassen sollen, ist immer in Gefahr, durch den Sturmwind unserer Zeit ausgeblasen zu werden. Wie gut, daß wir dann immer wieder zum »Osterlicht« zurückkehren können, um es daran neu zu entzünden. Dabei mag uns das Wort in den Sinn kommen, mit dem die Christen in Rußland sich am Ostermorgen grüßen: »Der Herr ist auferstanden! Er ist wahrhaftig auferstanden!«

Diese Botschaft gilt allen, die das Evangelium ernst nehmen, ganz gleich, welcher Kirche sie angehören.

Auch den katholischen Pfarrer in Eybach lernten wir persönlich kennen. Ich war auf etwas eigenartige Weise mit ihm in Verbindung gekommen, bevor wir damals, vor mehr als zehn Jahren, unsere kleine Eigentumswohnung in Eybach gekauft hatten. Es gab gewisse Schwierigkeiten mit dem Transport einiger Möbelstücke. Sie waren zwar in das Haus, in dem wir unser Appartement hatten, geliefert worden. Aber weil wir nicht anwesend waren – der Transport hatte sich verzögert –, hatten die Transporteure sie einfach im Treppenhaus abgestellt und waren danach wieder abgefahren. Was sollten wir nur tun? Nachdem wir in jener Zeit in Eybach noch fremd waren, schien es uns unmöglich, irgendwelche uns unbekannten Männer zu bitten, die schweren Möbel in den zweiten Stock zu transportieren. Da kam mir eine Idee. Ich hatte schon einmal einen Vortrag in der hiesigen evangelischen Kirchengemeinde gehalten. Der Pfarrer müßte mich also kennen und wußte bestimmt Rat. So telefonierte ich und fragte ihn, ob er in seiner Gemeinde nicht ein paar starke Männer auftreiben könnte, die uns, natürlich gegen Bezahlung, helfen würden.

»Aber selbstverständlich!« erwiderte der Pfarrer entgegenkommend. »Das mache ich gerne. Sagen Sie mir nur, um welche Zeit sie die Männer erwarten. Ich sorge für ein paar kräftige Möbelträger.«

Wir wechselten noch einige Worte, und dann verabschiedete ich mich von dem freundlichen Herrn.

»Haben Sie herzlichen Dank für Ihre Bereitschaft, Herr Pfarrer, und grüßen Sie Ihre liebe Frau!«

»Wie bitte?« kam es gedehnt zurück. »Da muß ein Mißverständnis vorliegen. Ich bin nämlich der katholische Pfarrer.«

Irrtümlicherweise hatte ich die Telefonnummer des katholischen Geistlichen gewählt.

Unsere Möbel wurden aber doch in den zweiten Stock hinaufgetragen, nur weiß ich heute nicht mehr, ob von katholischen oder evangelischen Gemeindegliedern.

Elf Jahre Eybach! Wie im Flug sind sie vergangen. In der Tat: Als flögen wir davon! Außergewöhnliches haben wir in dieser Zeit nicht erlebt, und doch waren die Tage, Wochen und Monate so ausgefüllt, daß die Zeit kaum ausreichte für all das, was wir gerne getan hätten. Der Dienst an den Menschen, die Gott uns in den Weg stellte, nahm immer mehr zu. Mir wurde klar, wie notwendig es für uns ist, gedanklich eine Umstellung vorzunehmen: Was uns unbedeutend, ja unwesentlich scheint, ist für einen anderen unter Umständen von größter Wichtigkeit. Wir müssen uns darin üben, vieles mit den Augen des anderen zu sehen. Dann würden wir ihn besser verstehen und nicht mehr so vorschnell urteilen, wie wir es manchmal tun.

In den elf Jahren unserer Eybacher Zeit haben wir natürlich immer Verbindung mit dem Berghaus gehabt, besonders aber in der Zeit der schweren Erkrankung von Hans Lang.

Eines Tages erinnerte uns Hans Lang in einem Gespräch: »Nicht wahr, es bleibt wie besprochen, Ihr kommt wieder herauf ins Berghaus.« Diesem Ausspruch war allerdings einiges vorausgegangen. Ich muß, um es verständlich zu machen, eine Anzahl von Jahren zurückgehen. Es war lange vor meiner Eheschließung. Ich stand neben Hans und Martl Lang in der Arbeit des Erholungsheimes. In jener Zeit, als wir es gemeinsam eröffneten, hatte ich mein kleines Einfamilienhaus auf der Oberaichener Höhe verkauft und es von demselben bewährten Architekten Prof. Fritz auf dem

Gelände des Herrn Lang, der mir das Grundstück dafür schenkte, neu erstellen lassen. Es war allerdings etwas größer, denn nicht nur meine Mutter und ich, sondern auch Familie Lang sollten vorerst darin Wohnung finden. Die Zimmer im Berghaus wurden dringend für die Gäste benötigt.

Daß ich mir Gedanken darüber machte, wem ich mein kleines Haus einmal übergeben sollte, wenn Gott mich von dieser Erde abrufen würde, war naheliegend. So vermachte ich es Herrn und Frau Lang, auf deren Gelände es ja stand. An eine Eheschließung dachte ich damals überhaupt nicht. Bei der notariellen Regelung ordnete Hans Lang an, daß das Berghaus mir Heimat bleiben sollte, auch wenn ich körperlich nicht mehr imstande sein würde, mitzuarbeiten. Wie weit schien mir das damals entfernt zu sein! Ich stand ja mit allen meinen Kräften mitten in der Arbeit, die ich so liebte, Seite an Seite mit Martl und Hans Lang.

Wie es später dann dazu kam, daß alle meine Pläne durch meine Eheschließung durchkreuzt wurden, habe ich bereits berichtet. Inzwischen lebten wir schon elf Jahre in Eybach. Und nun bestätigte kurz vor seinem Tode Hans Lang noch einmal das damals Besprochene und Festgelegte: »Ihr kommt wieder zurück ins Berghaus.«

War das eine menschliche Entscheidung gewesen? Wir sehen es heute ganz klar als Gottes Führung an.

Eybach zu verlassen fiel mir nicht leicht. Ich habe in der Vergangenheit manchen Wechsel erleben müssen. Nie ist es mir leichtgefallen, mein Tätigkeitsfeld aufzugeben, denn überall, wo ich im Dienst Gottes an den Menschen stand, hatte ich meine Lebenswurzeln tief in den Boden meines Aufgabengebietes gesenkt. Wollte ich meinen Auftrag sinnvoll und segensreich erfüllen, so mußte ich das tun. Überall lernte ich Menschen kennen, mit denen ich bald verbunden war und deren Freuden und Leiden ich miterlebte. Darum fiel es mir jedesmal schwer, mich wieder von ihnen zu trennen. Wie oft hatte ich mir vorgenommen, die Beziehung zu diesem oder jenem nicht abbrechen zu lassen. Nur in ganz wenigen Fällen ist es mir gelungen, denn der neue Platz hielt schon wieder wichtige Aufgaben und andere Menschen für mich bereit.

Seit meiner Heirat hatte sich an der Situation nichts geändert. Mein Mann ging ja mit mir den gleichen Weg. Dazu kam, daß uns der neue Platz vertraut war. Als wir nun unsere ehemalige Wohnung wieder eingerichtet hatten, schien alles ganz wie früher zu sein. Und doch war es anders. Hans Lang lebt nicht mehr. Seine Frau leitet inzwischen das größer gewordene Christliche Erholungsheim. Die älteste Tochter, die nach ihrem Examen seit Jahren in der praktischen Arbeit des Kinderheims steht, das sie mit aufgebaut hat, und die jüngste Tochter, die aufgrund ihrer beruflichen Ausbildung als Sozialpädagogin für die Leitung eines Kinderheims qualifiziert ist, tragen miteinander die Verantwortung für das neu erstellte Kinderheim.

Gäste kommen, Gäste gehen. Die Wochenendfreizeiten sind zu einem festen Bestandteil im Christlichen Erholungsheim Berghaus St. Michael geworden. Auch wenn ich nun nicht mehr wie in den Jahren davor in der Verantwortung stehe, so öffnet sich meinem Mann und mir aufs neue ein Aufgabengebiet, das uns die befriedigende Gewißheit gibt: Wir werden noch gebraucht! Wir befinden uns hier nicht auf dem Abstellgleis.

Wieder nimmt mein Mann den Platz an der Orgel ein, beglückt über sein eigenes neues Instrument, das er gerne dem Berghaus mit seinem Dienst zur Verfügung stellt, weil das ehemalige kleine Instrument den Raum akustisch nicht so füllte.

Wie früher habe ich auch jetzt Gelegenheit, wenn Martl Lang verhindert oder in Urlaub ist, die Andachten zu übernehmen, besonders bei den vielen Gemeindegruppen, die auch heute von allen Seiten das Berghaus zu ihrem Ausflugsziel machen. Gewöhnlich berichtet dann Frau Lang von der Entwicklung der Arbeit, vom Werden und Wachsen des

Werkes. Meistens beschließe ich diese Nachmittage mit einem geistlichen Wort.

Vieles hat sich in den Jahren verändert. Anstelle des von Gott abgerufenen Hans Lang trägt sein Sohn, der mit seiner Familie ebenfalls auf dem Gelände wohnt, die Verantwortung für die laufenden Aufgaben und anfallenden Arbeiten, die einer männlichen Hand bedürfen. Auch einer der Schwiegersöhne stellte seine Berufserfahrungen dem Werk zur Verfügung.

Aber nicht nur im Haus und Werk hat sich manches verändert. Auch bei mir ist im Laufe der Jahre einiges anders geworden. Nicht etwa gesinnungsmäßig, im Gegenteil. Was meine Auffassung dem Dienst gegenüber betrifft, so ist es mir noch klarer als vor Jahren, wie notwendig in einem solchen Haus bewußt geübte Seelsorge ist. Es genügt nicht, den Gästen gute Verpflegung, geschmackvoll eingerichtete Zimmer und Aufenthaltsräume zu bieten. Das allen Gästen zur Verfügung stehende Hallenbad übt ebenfalls große Anziehungskraft aus. Die schöne Umgebung, wie etwa die in nächster Nähe liegende Oberböhringer Heide mit den bequemen Wanderwegen, wird von allen, besonders von den älteren Gästen, sehr geschätzt. Aber so empfehlenswert das alles auch sein mag, es wäre nicht ausreichend. Das Wesentliche ist und bleibt, dem inneren Menschen täglich geistliche Speise anzubieten.

Freudig stellten wir bei unserer Rückkehr ins Berghaus fest, daß Martl Lang dieser Anforderung gerecht wird. Jeden Morgen sammelt sie die Gästeschar um sich und hält eine gut vorbereitete Andacht, bemüht, dabei nicht ins routinemäßige Fahrwasser zu geraten, sondern die alte, bewährte Botschaft immer wieder neu und frisch zu verkündigen. Einige Male im Jahr kommen auch erfahrene Seelsorger von auswärts, um Bibelfreizeiten im Berghaus St. Michael zu leiten.

Wenn ich vorher sagte, daß bei mir selbst einiges anders geworden sei, meinte ich damit das deutliche Nachlassen meiner körperlichen Kräfte. Als wir von Eybach zurückkehrten, stand ich immerhin vor Vollendung meines achtzigsten Lebensjahres. Daß meine Augen nachlassen, mein Gehör Unterstützung durch ein Hörgerät benötigt und es mir nicht mehr möglich ist, wegen meiner Arthritis längere Wege zu machen, ist schließlich nichts Außergewöhnliches. So geht es anderen alten Leuten auch. Es denke niemand, daß ich mich darüber leicht hinwegsetze. Auch ich kenne Stunden, in denen das Nachlassen meiner Kräfte mich belastet. Andererseits bringe ich heute viel mehr Verständnis auf für alte Leute, die an ihren Alterserscheinungen oft schwer tragen. Und meine ihnen gestellten Fragen: »Wie geht es Ihnen?« oder: »Hatten Sie eine gute Nacht?« kommen nicht gewohnheitsmäßig oder als Höflichkeitsform über meine Lippen, sondern aus eigener Erfahrung von Schmerzenszeiten und gestörten Nächten. Das merken die Alten sehr wohl, ob man mit dem Herzen oder nur mit den Lippen fragt.

Seit unserer Rückkehr ins Berghaus sitze ich an jedem Morgen unter den Gästen in der Andacht, die Martl Lang in unserer Hauskapelle hält. Daß ich außerdem immer wieder einmal selbst eine Andacht halten darf, ist mir eine besondere Freude. In all den Jahren, seit ich seelsorglich tätig bin, war es immer dasselbe: Nichts beglückt mich so sehr, als wenn ich spüren darf, daß mir das Wort, sei es das geschriebene oder gesprochene, abgenommen wird. Oft schon habe ich meinen Zuhörern gesagt: »Es ist nicht der Redner allein, der einen Vortrag oder eine Predigt hält, sondern der Hörer wirkt ebenso mit, indem er die Botschaft aufnimmt und innerlich bejaht. Das bleibt dem Redner nicht verborgen.«

Während ich das Wort »Botschaft« niederschreibe, erinnere ich mich an ein sehr bewegendes Erlebnis. Es war in der Schweiz, in den Jahren, als ich noch oft auf Vortragsreisen unterwegs war und dort an einigen Orten »Geistliche Abende« zu gestalten hatte. Diesen voraus ging gewöhnlich eine kurze Gebetsversammlung, an der alle teilnehmen konnten, die den Vortrag hören wollten. In einer solchen

Gebetsgemeinschaft erlebte ich es, daß die Bitte ausgesprochen wurde: »Herr, segne das Wort deiner Botschafterin!«

Wie tief ist solch ein Gebet in mein Herz gedrungen! Botschafterin! Ist ein Botschafter nicht der Gesandte seines Landes? Welch eine Verantwortung für diejenigen, die im geistlichen Dienst stehen. Wie gerne wollte ich es immer und will es auch heute noch sein, trotz meines vorgeschrittenen Alters und mancher nicht zu verbergenden Alterserscheinungen: Botschafterin im Auftrag Gottes!

Manchmal sage ich in der Einführung zu einem Vortrag oder bei einer Begrüßungsansprache meinen Zuhörern: »Ich höre nicht mehr gut. Ich sehe nicht mehr gut. Ich kann nicht mehr so gehen wie früher. Aber mein Kopf – mein Gedächtnis – ist noch in Ordnung.« Wenn ich das sage, klingt es in mir wie eine Ermahnung: Das Letztere hast du dir keineswegs selbst zuzuschreiben. Das ist Gnade, nichts als Gnade!

Ein halbes Jahr nach unserer Rückkehr von Eybach feierte ich meinen achtzigsten Geburtstag, und zwei Tage später mein fünfzigstes Schriftstellerjubiläum. Ich darf diese beiden, für mich so ereignisreichen Tage in diesem Buch nicht verschweigen, besonders nachdem Martl Lang neben all ihrer vielen Arbeit nicht nur meinen Geburtstag, sondern auch das Jubiläum zu einem wirklichen Fest gestaltet hat.

Es kamen so viele Gäste, Verwandte, Freunde und Leser meiner Bücher, daß wir für die vielen Autos einen Platzanweiser benötigten. Ich war überwältigt von all der Anhänglichkeit, Liebe und Treue, die mir an diesem Tag begegneten. Nicht nur der Direktor des Christlichen Verlagshauses in Stuttgart, für das ich nun fünfzig Jahre lang schrieb, war mit seiner Gattin erschienen, sondern auch alle meine Pflegekinder hatten es möglich gemacht zu kommen. Als mein Mann die Anwesenden begrüßte, freute er sich, auch meinen zweiten Pflegesohn vorstellen zu können, der mit seiner Familie in den USA lebt und dort als Generalrepräsentant der Deutsch-Amerikaner tätig ist.

In unserer Hauskapelle wurde ein Festgottesdienst gehalten. Die Gesänge und Ansprachen brachten immer wieder den Dank Gott gegenüber zum Ausdruck, der besagte: »Lobe den Herren, der sichtbar dein Leben gesegnet.« An festlich gedeckten Tischen wurde die große Schar der Gäste bewirtet. Mir persönlich war es wichtig, in meiner Ansprache hervorzuheben, daß nicht ich im Mittelpunkt des Festes stehen dürfe, sondern daß Gott allein die Ehre gebühre, der mir ein so erlebnisreiches und von wunderbaren Führungen erfülltes Leben geschenkt hatte.

Seitdem sind nun wieder drei Jahre vergangen. Jünger bin ich nicht geworden, aber noch reicher an Erfahrungen mit dem Herrn, dem ich schon in jungen Jahren mein Leben ausgeliefert habe.

Dieses Buch entsteht unter Gebet – vielleicht noch mehr als meine vorherigen – und mit dem Wunsch, daß es allen zum Segen werde, die es lesen. Wenn ich darin Bilder von Menschen aufzeichne, die mir begegnet sind, dann nur aus dem Grund, weil ich hoffe, daß manche meiner Leser anhand solcher Lebensbeschreibungen sehen, daß nicht sie allein Lasten zu tragen haben. So wie ihnen geht es vielen Menschen, die Gott durch Lebensnot und Prüfungen formen und gestalten will – »auf daß wir«, wie es in der Heiligen Schrift heißt, »etwas werden zum Lobe seiner Herrlichkeit«. Bei alledem sollen wir lernen, zu unserem Schicksal ja zu sagen, weil es der Weg Gottes mit unserer Seele ist.

Ich sagte vorher, daß manche Verbindung, die ich gerne aufrechterhalten hätte, aus zeitlichen Gründen nicht weiter gepflegt werden konnte. Aber es gibt »Fälle«, bei denen wir aus innerem Verantwortungsbewußtsein bestehende Verbindungen nicht aufgeben dürfen.

Mein Mann wurde gebeten, auch nachdem wir nicht mehr in Eybach wohnten, von Zeit zu Zeit im dortigen Gottesdienst die Orgel zu spielen. Darüber haben wir uns gefreut, denn auf diese Weise blieben wir in loser Verbindung mit der Eybacher Gemeinde. Bei solchen Gelegenheiten besuchten wir dann auch immer wieder einige unserer alten Schutzbefohlenen. So war es uns ein Anliegen, uns um die Kriegerwitwe mit ihrem gelähmten Sohn weiterhin zu kümmern. Bei unseren Besuchen erleben wir dann wieder das Jauchzen ihres Sohnes. Wenn wir an seinem Bett sitzen, zeigt er uns mit mühsamem Drehen seines Kopfes immer wieder das Bild des Guten Hirten, das über ihm an der Wand hängt. In all den Jahren, seitdem wir ihn besuchen, gehört es einfach dazu, daß ich ihm das Lied vorsinge: »Weil ich Jesu Schäflein bin, freu' ich mich nur immerhin über meinen guten Hirten«. Den letzten Vers singe ich besonders gerne für ihn. Darin heißt es: »Denn nach diesen schweren Tagen werd' ich endlich heimgetragen in des Hirten Arm und Schoß. Amen, ja, mein Glück ist groß!«

Mein Glück ist groß? Ist es nicht Vermessenheit, im Anblick solcher Belastung von Glück zu singen? Wenn wir davon nicht fest überzeugt sind, daß dieses Glück in der zukünftigen Welt für den so schwer behinderten Jungen bereitet ist, dann allerdings sollten wir schweigen.

Nach solchen und ähnlichen Besuchen kehren wir jedesmal froh nach Hause zurück, im Wissen, einigen Menschen Freude bereitet zu haben.

Da ist zum Beispiel auch unser Freund, der ehemalige Vikar. Er wurde von schwerer Krankheit erfaßt und war nicht mehr imstande, seinen Dienst in der Gemeinde zu erfüllen. Wir lernten ihn als einen edlen, bescheidenen Menschen kennen, der es annehmen mußte, obgleich er damals noch nicht vierzig Jahre alt war, Frührentner zu werden. Daß wir ihm, der allein in seiner Wohnung lebt, die er selbst in bester Ordnung hält, dann und wann einen Topf heiße Suppe brachten, war das allerwenigste, was wir für ihn tun konnten. Doch dabei ergaben sich gute persönliche Gespräche, in denen wir dem sehr einsam Gewordenen Mut zu machen versuchten. Aus dieser Verbindung erwuchs im Laufe einiger Jahre eine Freundschaft. Nur wenige Menschen kümmern sich um ihn. Mein Mann und ich betrachten es aber als eine uns von Gott gegebene Verpflichtung, uns regelmäßig seiner anzunehmen. Dann und wann laden wir ihn zu einer schönen Autofahrt ein. Vor allem aber nehmen wir ihn in unsere tägliche Fürbitte hinein. Es ist unser inniger Wunsch für ihn, daß er, der ein guter Klavierspieler ist, doch wieder die Kraft und Freudigkeit finden möge, sich an seinen Konzertflügel zu setzen, um darauf zu spielen, wie er es oft in gesunden Tagen getan hat – sich und anderen zur Freude.

In diesen Tagen hatte ich ein interessantes Gespräch mit einem Herrn, dem Inhaber eines gutgehenden Geschäftes. Er bewohnt mit seiner Familie ein schönes Haus, hat eine fleißige Frau und mehrere bereits erwachsene Kinder. Zu einem dieser Kinder, einer Tochter, hat er ein besonders gutes Verhältnis. Dieser Herr gestand uns, daß er sich augenblicklich große Sorgen um dieses Kind mache. Es ist nicht nur auf künstlerischem Gebiet begabt, sondern auch im Berufsleben sehr tüchtig, leider jedoch labil und leicht beeinflußbar. Diese Tochter hat sich jetzt einer Glaubensrichtung angeschlossen, in der viel vom positiven Denken die Rede ist. Man baut sich Ideale auf und behauptet, der Mensch sei an sich von Grund auf gut und keineswegs erlösungsbedürftig. Gott läßt man zwar gelten. Es fragt sich nur, welcher Art dieser Gott ist. Der Gott, den die Bibel meint, kann es nicht sein; denn von ihm wissen wir, daß wir alle ohne Ausnahme Sünder sind und einen Erlöser brauchen. Der ist uns in der Heiligen Schrift auch genannt, nämlich Jesus Christus!

Dieser aber wird in den Statuten jener Glaubensrichtung mit keinem Wort erwähnt. Es geht in ihr um Menschen, die durch eigene Anstrengung und – wie schon gesagt – bewußt positives Denken sich zu Idealmenschen heranbilden wollen.

Der Vater dieser Tochter ließ meinen Mann und mich darüber nicht im unklaren, daß seine Frau und er über die Entscheidung ihrer Tochter sehr beunruhigt waren. Im Laufe des Gespräches versuchten wir ihm klarzumachen, daß sie als Eltern ihrer Tochter gegenüber eine verantwortungsvolle Aufgabe hätten.

»Wenn Sie es nicht schon vorher getan haben«, sagte ich, »wäre es jetzt allerhöchste Zeit, Ihrem Kind den Weg zu Christus zu zeigen. Aber was wir nicht selbst besitzen, können wir nicht weitergeben.« Und dann war es mir, als dürfe ich es nicht versäumen, diesen Herrn unzweideutig vor die Frage zu stellen: »Wie steht es denn mit Ihnen selbst? Sind Sie ein Christ?«

Nach kurzem Nachdenken antwortete er, und wir wunderten uns über seine Ehrlichkeit: »Nicht genug, nicht wie ich es sein sollte.«

Wenn mein Mann und ich unsere verschiedenen »Schutzbefohlenen« aufsuchen, reicht es keinesfalls aus, ihnen nur Freundlichkeiten zu erweisen. Wir fühlen uns innerlich zu kleinen Hilfeleistungen gedrängt, doch das ist noch kein eindeutiges Zeichen für unser Christsein. Es gibt viele Idealisten, vorbildliche Menschen, die das auch tun, ohne sich Christen zu nennen. Aber Mitmenschlichkeit reicht einfach nicht aus. Unsere christliche Einstellung, ja, Christus selbst muß in unserem Tun transparent sein. Nach den Worten der Schrift: »Die Liebe Christi dränget uns, solches zu tun.«

Ob der genannte besorgte Vater es fertigbringen wird, sein Kind den gefährlichen Einflüssen dieser Glaubensrichtung zu entreißen, die, wie er selbst sagte, mit dem Christentum so gut wie nichts zu tun hat, bezweifle ich. Wo man Jesus Christus als den Erlöser ablehnt, befindet man sich nach Aussagen der Bibel auf einem Irrweg. Die vielen Anhänger dieser Lehre – und sie ist in Deutschland sehr verbreitet – behaupten, in diesem Kreis Gott gefunden zu haben. Gott finden ohne Christus? Undenkbar! Jesus sagt: »Ich bin der Weg, die Wahrheit und das Leben, niemand kommt zum Vater als durch mich.«

In dem Brief des Apostels Paulus an die Philipper lesen wir: »Freuet euch in dem Herrn allewege, und abermals sage ich: Freuet euch!« In diesem meinem Buch geht es letztlich ja um die Freude. Je länger desto mehr wird mir klar, wie schwer es ist, darüber zu schreiben bei dem vielen Leid, das einem tagtäglich begegnet. Kann ich einem der verschiedenen Menschen, die ich hier erwähnte, einfach sagen: Du mußt dich freuen, Gott will es so! Muß es einem, der durch schwere Krankheit gezwungen wurde, seinen Beruf aufzugeben, als kranker Mensch auf die Ehe verzichtet und die Nöte des Alleinseins auf sich nimmt, nicht wie Hohn vorkommen, wenn ihm gesagt wird: »Du mußt dich nur freuen, dann wird alles gut!«

Geht es jener Frau, die seit mehr als vierzig Jahren nicht vom Bett ihres gelähmten Sohnes weichen kann, nicht ebenso? Wie könnte ich wagen, ihr zu sagen: »Freue dich, freue dich allewege, also immer!« Hat sich der Apostel Paulus geirrt, wenn er dazu aufrief? Nein! Da steht nämlich: »Freuet euch in dem Herrn.« Nur in der engen Verbindung mit ihm, Christus, gelangt man zu dieser Freude, die ein von Gott gegebener Zustand der inneren Gelassenheit und des Vertrauens ist.

Sich freuen – in dem Herrn – bedeutet nämlich nicht, ohne Enttäuschungen, Sorgen und Kümmernisse zu sein, sondern trotz dieser notvollen Begleiterscheinungen unseres Lebens immer wieder getrost und zuversichtlich zu werden – von Freude erfüllt zu sein, aber eben durch Christus.

Mir ist klar, daß weder ich noch irgendein anderer Mensch zu einem Betrübten oder gar Verzweifelten sagen kann: »Freu' dich nur, dann wird alles gut!« Welch eine Vermessenheit wäre das! Er kann sich in seiner Situation ja gar nicht freuen, so gerne er es möchte.

Und doch wird in der Bibel von einem Mann gesprochen, der vor einer ihm unlösbar scheinenden Aufgabe stand: Josua. Zu ihm wurde gesagt: »Ich habe dir geboten, daß du freudig und unverzagt seist.« Wer kann so sprechen, wenn nicht der allein, der imstande ist, Freude zu vermitteln? Gott selbst sprach so zu Josua.

Kinder können sich noch unbekümmert freuen. Sie sind

aber oft auch erstaunlich scharfe Beobachter. Es würde etwas Wesentliches in diesem Buch, der Fortsetzung meiner Biographie, fehlen, wollte ich nicht wenigstens einige meiner Beobachtungen und Erlebnisse mit Kindern hier schildern.

Mit den Jungen und Mädchen des jetzigen Kinderheims im Berghaus habe ich im Gegensatz zu damals kaum noch etwas zu tun. Früher habe ich den Buben und Mädchen Geschichten erzählt, ihnen Lieder beigebracht, mit den Kleinsten Fingerspiele geübt und anderes mehr. Heute fällt mir das nicht mehr so leicht – nicht deshalb, weil ich weniger imstande wäre, zu erzählen und zu singen, sondern darum, weil mir die Treppenstufen im Kinderheim so beschwerlich werden. Ich freue mich jedoch jedesmal, wenn einige der Kleinsten mir schon von weitem zurufen: »Hallo, Omi!« In meinem Flüchtlingskinderheim war ich für alle stets die Mutti, jetzt bin ich schon lange zur »Berghaus-Omi« befördert worden, vor allem natürlich für die Enkelkinder von Martl Lang, die zum Teil hier oben heranwachsen.

Wir waren von Eybach zurückgekehrt, als ich eines Tages gebeten wurde, mit unseren Gästen die Andacht in der Hauskapelle zu halten. Als ich danach wieder auf dem Weg in unsere Wohnung war, begegnete mir die damals dreijährige Bettina. Mit ihrem hellen Stimmchen fragte sie mich: »Omi, war die Andacht gut?«

Ich stutzte einen Augenblick. Wie kommt das Kind zu einer solchen Frage? Aber Bettina wartete auf eine Antwort, und so sagte ich: »Ja, ich glaube, daß sie gut war.«

Ich habe mich nachher gefragt: »Wann ist eine Andacht in Wirklichkeit gut zu nennen?« Geht es vor allem darum, daß man imstande ist, fließend zu formulieren? Ist es in erster Linie wichtig, lebensnah zu sprechen, Illustrationen einzuflechten, die den Alltag der Zuhörer treffen, und ihnen dadurch den Text lebendig machen und anschaulich vor Augen führen? Ist es wichtig, daß man sich bemüht, die Andacht nicht in die Länge zu ziehen, sondern so kurz wie möglich zu halten, damit die Zuhörer nicht ermüdet werden?

Mein Mann hat mir schon manchesmal den Rat gegeben, eine Andacht oder einen Vortrag zu beenden, wenn die Zuhörer am liebsten noch mehr hören würden. Natürlich merkt man als Redner, wenn heimlich auf die Uhr geschaut wird, und irgendwie springen die Gedanken anderer auf einen über: »Hoffentlich redet er oder sie nicht zu lange.«

War die Andacht gut? Ich meine, sie ist gut, wenn man von ihrer Aussage innerlich ergriffen wird, und wenn man weiß, es geht mich persönlich an. Sie ist vor allem gut, wenn die Gegenwart Jesu zu spüren ist, der gesagt hat: »Wo zwei oder drei in meinem Namen versammelt sind, da bin ich mitten unter ihnen.«

Manchmal, wenn jemand von einem Gottesdienst kommt oder an einer Trauung teilgenommen hat, hört man den Ausspruch: »Das war wieder einmal feierlich und stimmungsvoll.« Unter keinen Umständen reicht das aus! Eine Predigt oder eine Andacht muß Kraft vermitteln und ernste Entschlüsse hervorrufen, sie muß meinen inneren Zustand aufzeigen und mich Gott näherbringen. Sie muß mich erkennen lassen, was Er mir sagen will und was in meinem Leben neu werden muß.

Ich frage mich, ob alle meine Leser mit diesen Gedankengängen etwas anfangen können. Andachten halten? So etwas kommt natürlich in einem christlichen Erholungsheim vor oder in bewußt christlichen Familien. Aber der Durchschnittschrist? Doch nun muß ich mich selbst gleich korrigieren. Gibt es eigentlich Durchschnittschristen? Wir müssen da wohl ganz klar unterscheiden lernen. Nicht alle, die sich Christen nennen, sind es auch. Zur Kirche gehören, getauft und konfirmiert sein, auf eine kirchliche Trauung zurückblicken können und – weil es so üblich ist – sich einmal christlich beerdigen lassen, das alles ist kein Beweis für das Christsein.

Ich hörte einmal von einem Traum, den ein Mann gehabt hatte. Dieser Traum hat mich sehr beeindruckt. Der Mann träumte, er sei gestorben und habe sich plötzlich vor der

Himmelstür befunden. Als er wartend davor stand, öffnete ihm ein Engel die Tür.

»Was wünschst du?« fragte er freundlich.

»Ich möchte hier hinein, in den Himmel«, antwortete der Mann und wunderte sich über die Frage des Engels. Es lag doch klar auf der Hand, daß er hier stand, um durch die Pforte in das verheißene Land zu gelangen. Er gab dies dem Engel zu verstehen.

Dieser fragte daraufhin: »Hast du Ausweispapiere?«

»Ausweispapiere?« wiederholte der Mann erstaunt. »Ich bin der Meinung, daß man mich hier oben kennt.« Und dann begann er aufzuzählen: »Ich bin in einem christlichen Haus aufgewachsen, besuchte regelmäßig von klein auf den Kindergottesdienst und später die verschiedenen Jugendkreise, gehörte zum Christlichen Verein junger Männer, wurde natürlich getauft und konfirmiert, bin in der Kirche getraut worden und habe viel Gutes getan, Spenden gegeben und mich eingesetzt, wo immer ich's konnte. Und jetzt liegt gerade meine von unserem Pfarrer gehaltene, also christliche Beerdigung hinter mir.«

»Das alles genügt uns nicht«, fuhr der Engel in großem Ernst fort.

»Du sprachst vorhin von Ausweispapieren«, sagte darauf der Mann, der unruhig zu werden begann. Er durchsuchte seine Taschen. »Ah, jetzt weiß ich.« Er hielt dem Engel ein Blatt Papier hin. »Hier ist mein Taufschein, und hier«, seine Hände begannen jetzt zu zittern, »hier ist meine Quittung für die letzte Kirchensteuer; immer habe ich sie pünktlich bezahlt. Und hier ist die Bestätigung dafür, daß ich Kirchengemeinderat wurde.«

»Das alles meine ich nicht«, sagte der Engel mit traurigem Gesicht.

»Aber was, um alles in der Welt, erwartest du noch mehr?« fragte der Mann, völlig verunsichert.

»Hast du nichts, aus dem zu ersehen ist: ›Christi Blut und Gerechtigkeit, das ist mein Schmuck und Ehrenkleid. Damit will ich vor Gott bestehn, wenn ich zum Himmel werd' eingehn.‹«

Der Engel fuhr fort: »Wenn dies nicht deine Gewißheit und persönliche Erfahrung ist, kann ich dich nicht einlassen, es tut mir leid.«

Der Mann erwachte, in Schweiß gebadet. Es war nur ein Traum gewesen. Nur ein Traum? Was ihn fortan umtrieb und ihn stark bewegte, war die Frage: Wie gelange ich zu diesem »Ausweis«, zu dieser Gewißheit?

Ich habe oft versucht, in meinen Andachten oder Vorträgen auf diese Frage ungefähr so zu antworten: »Um ein wirklicher Christ zu werden, muß ich fünf Stationen passieren: Erstens Sündenerkenntnis, zweitens Sündenbekenntnis, drittens Reue, viertens Buße, fünftens Heilsgewißheit.«

Wenn wir uns damit beschäftigen, wird uns manches klar werden. Ich kann nicht sagen: Ja, ich glaube an einen Gott, zumindest an ein höheres Wesen, das alles erschaffen hat – aber Heilsgewißheit?

Ich hörte einmal, daß man in einer kirchlichen Institution behauptet, von Heilsgewißheit zu reden sei gleichbedeutend mit Gotteslästerung. Kein Mensch könne sich erdreisten zu behaupten, er besäße Heilsgewißheit. Wie aber steht es dann mit dem Wort der Heiligen Schrift: »Der Geist selbst gibt Zeugnis unserm Geist, daß wir Gottes Kinder sind« (Römer 8, 16)? Ein Zeugnis ist doch eine Bestätigung, die rechtsgültig ist, wenn sie von einem dazu Bevollmächtigten unterschrieben wurde. Ich gebrauche jetzt ein Bild: Das Zeugnis des Heiligen Geistes ist unterschrieben mit dem Blut Jesu, das für meine Sünden vergossen worden ist. Wo ich dies im Glauben angenommen habe, kann ich das genannte Wort in Anspruch nehmen: »Christi Blut und Gerechtigkeit, das ist mein Schmuck und Ehrenkleid...«

Ich komme noch einmal zurück auf Bettinas Frage: »War die Andacht gut?« Um Andacht halten zu können, muß man nicht unbedingt Theologie studiert, sondern vor allem die soeben ausgeführte Erfahrung gemacht haben.

Von Erlebnissen mit Kindern, die mich erfreut oder beeindruckt haben, wollte ich erzählen. Ein solches Erleben liegt nun schon Jahre zurück. Es war zur Zeit der Kartoffelernte. Zum Berghaus gehören auch einige Äcker. Die Kinder halfen fröhlich mit mehr oder weniger Ausdauer beim Auflesen der Kartoffeln mit. Ein Fünfjähriger rief mir zu: »Omi, komm doch auch und hilf uns beim Auflesen!«

Seine Mutter antwortete für mich: »Weißt du, die Omi kann sich nicht mehr so gut bücken.«

Darauf urteilte er sogleich: »Die kann aber auch gar nichts mehr.«

Seine um ein Jahr ältere Schwester nahm mich in Schutz: »Doch, die Omi kann noch was: Die kann Geschenke machen und Andacht halten.«

Dieser Ausspruch hat mich damals recht erfreut. Wenn ich in jener Zeit auch noch gelenkiger war als heute, so fiel mir schon damals das Bücken nicht mehr so leicht. Das Mückchen, so nannten wir das kleine Mädchen, hob nicht hervor, was die Omi nicht mehr tun konnte, sondern was ihr noch möglich war: Geschenke machen und Andacht halten!

Unsere Kinder sind heute meistens nicht arm an allerlei Spielzeug. Oft scheinen sie damit geradezu überfüttert zu sein, und es vergeht ihnen manchmal die Lust zum Spielen. Und doch brauchen sie unsere Geschenke, die nicht unbedingt von Geldausgaben abhängig sind. Laßt uns doch Liebe schenken und Geduld; Zeit, sie anzuhören und auf sie einzugehen, und den Willen, sie mit ihren kleinen und großen Anliegen ernst zu nehmen. Was sie zum Leben brauchen, ist herzliche Zuneigung, die sich nicht darin äußert, daß wir ihnen alle ihre Wünsche erfüllen, sondern daß sie erfahren dürfen, welch ein Anliegen uns ihr seelisches und körperliches Wohlbefinden ist.

Geschenke machen und Andacht halten! Nun ist es nicht überall so, daß die Kinder in ihren Familien, auch wenn diese sich christlich nennen, mit Andachten aufwachsen, so wie sie hier im Berghaus zum Tagesgeschehen gehören. Für ein christliches Elternpaar sollte die Andacht schon früh einsetzen. Ich verstehe dies so, daß man regelmäßig über dem Kind betet, auch wenn es noch klein ist und den Sinn der Handlung nicht verstehen kann. Andacht halten, das heißt auch, frühzeitig mit den Kindern geistliche Lieder singen. Ebenso gehört das Tischgebet dazu und das Erzählen von biblischen Geschichten. Das Kind sollte auch den sonntäglichen Kindergottesdienst besuchen.

Von großer Wichtigkeit ist es, die Kinder von klein auf zur Ehrfurcht zu erziehen. Vergessen wir doch nicht, wie entscheidend die Erziehung ein Kind prägt. – Ehrfurcht vor Gott, Ehrfurcht vor alten Menschen, Ehrfurcht vor dem Leben. Wie soll ein Kind das lernen, wenn es ihm nicht beigebracht wird! Sage doch keiner, daß Kinder so etwas nicht verstehen. Sie haben noch ein natürliches Empfinden für das Gute wie für das Schlechte, das manchem Erwachsenen längst verlorengegangen ist. Jeder Vater sollte sich davor hüten, natürlich auch die Mutter, in Gegenwart des Kindes, wie es leider manchesmal geschieht, sich über Gott lustig zu machen oder Glaubensfragen in frivoler Weise spöttisch herabzusetzen.

Auch heute noch gilt: »Irret euch nicht! Gott läßt sich nicht spotten. Denn was der Mensch sät, das wird er ernten« (Galater 6, 7). Manch einer hat in späteren Jahren in erschreckender Weise erleben müssen, wie eine solche Saat, die er selbst in ein Kinderherz gesät hat, aufgegangen ist und entsprechende Frucht getragen hat.

Kinder sind aber auch erfreulich zugänglich für Gott und die christliche Lehre. Ich könnte viele erlebte Beispiele erzählen. Nicht umsonst sagt Jesus: »Wenn ihr nicht werdet wie die Kinder, so werdet ihr nicht ins Himmelreich kommen« (Matthäus 18, 3). Ich denke jetzt vor allem an die Kleinen, die noch behütet und von den gefährlichen Einflüssen unserer Zeit nicht vergiftet sind. Jugendliche von dreizehn, vierzehn Jahren machen sich heute lustig über solche, die zur Kirche gehen oder gar beten. »Wie kann man mit einem Gott reden, den es gar nicht gibt«, sagen sie, »mit einem Gott, den noch kein Mensch gesehen hat, der überhaupt nicht existiert.«

Wie herzerquickend ist es dagegen, ein kleines Kind beten zu hören: »Lieber Gott, mach mich fromm, daß ich in den Himmel komm.« Ich kenne natürlich Eltern, die nie mit ihrem Kind beten. Sie meinen, fortschrittlich zu sein, wenn sie sagen, ihr Kind solle ohne eine solche Beeinflussung heranwachsen. Sie gestehen ihm großzügig zu, daß es sich später einmal selbst entscheiden kann, ob es zur Kirche gehören und ein christliches Leben führen will. Sind sich solche Eltern eigentlich darüber im klaren, was sie unterlassen und versäumen? Im Grunde genommen sind sie zu bedauern, denn sie können ja nicht weitergeben, was sie selbst nicht besitzen. Jesus ermahnt: »Laßt die Kinder zu mir kommen, denn solchen gehört das Reich Gottes« (Markus 10, 14), und ein sehr ernstes, ja erschütterndes Wort in Matthäus 18, 6, über das man sich nicht lässig hinwegsetzen kann: »Wer aber einen dieser Kleinen, die an mich glauben, zum Abfall verführt, für den wäre es besser, daß ein Mühlstein an seinen Hals gehängt und er ersäuft würde im Meer, wo es am tiefsten ist.«

Ich fühle tiefes Mitleid mit Kindern, die durch ihre Jugendzeit gehen, ohne von ihren Eltern oder anderen Erziehern auf Jesus Christus hingewiesen worden zu sein. Es ist für diese Kinder schwer, ohne christliche Vorbilder zur Erkenntnis der Wahrheit zu kommen. Dabei sind gerade die Kleinen dafür so zugänglich. Einige Erlebnisse sollen dies deutlich machen:

Bettina war knapp fünf Jahre alt. Da kletterte ihr etwas jüngerer Bruder, der im unteren Stockbett schlief, die kleine Leiter hinauf, die zum oberen Bett führte, in dem seine Schwester lag. Plötzlich begann die Leiter mitsamt dem dreijährigen Hans-Steffen nach hinten zu kippen. Bettina, blitzschnell die Gefahr erkennend, richtete sich in ihrem Bett auf und ergriff den Arm ihres Bruders, der vor Angst zu schreien begann. Bettina aber rief in großem Schrecken:

»Mama, komm schnell, er stürzt! Ich kann ihn und die Leiter nicht länger halten.«

Glücklicherweise war die Mutter im nächsten Augenblick da und konnte ein Unglück verhüten. Als Bettina etwas später allein bei der Mutter war, sagte sie: »Mama, das war aber gut, daß der liebe Gott mir so viel Kraft gegeben hat, daß ich den Hans-Steffen so lange halten konnte, bis du kamst.«

Der liebe Gott hatte ihr Kraft gegeben. So sah sie es. Und so war es auch. Wie hätte sie so etwas äußern können, wenn die Mutter nicht bei irgendeiner Gelegenheit in dieser Weise mit ihr gesprochen hätte?

Christoph ist es von klein auf gewöhnt, daß in seinem Elternhaus über Gott und Jesus geredet wird. Er darf frühzeitig, mit drei oder vier Jahren, dann und wann mit dem Vater zur Kirche gehen. Sein Vater ist von Beruf Lehrer, aber er hat auch als Lektor in verschiedenen Kirchen zu predigen. Stoffi, so wird Christoph genannt, weiß, daß er dabei ruhig sitzen muß und nicht stören darf. Man mag der Meinung sein, das Kind sei damit überfordert. Doch wird er ja nicht jeden Sonntag mitgenommen, und wenn, dann darf er während des Gottesdienstes ein kleines Bilderbuch anschauen, das er als ein Gesangbuch ansieht. Aber allein die Tatsache, daß der Vater ihn, den Ältesten, mitnimmt, während die kleinen Geschwister zu Hause bei der Mutter bleiben müssen, stärkt sein Selbstbewußtsein. So wächst er mit Gottes Wort auf und ist es auch gewöhnt, daß die Mutter mit ihren Kindern christliche Lieder singt und ihnen von Jesus erzählt. Das alles gehört wie selbstverständlich zum Rhythmus des täglichen Lebens. Daß man dem lieben Gott alle seine Kümmernisse sagen darf, hat Christoph bald begriffen.

In diesem Jahr hat er zu dem Schwesterchen, das jetzt etwas mehr als zwei Jahre alt ist, noch einen kleinen Bruder bekommen. Eines Tages hat die Mutter das nur wenige Wochen alte Baby auf dem Schoß. Da beginnt ihre kleine Tochter, die nach dem Mittagsschlaf noch in ihrem Bettchen liegt, zu schreien. Die Mutter ruft den Fünfjährigen: »Stoffi, komm schnell, setz dich auf die Couch. Ich will dir das Brüderlein in den Arm legen, während ich nach Michaela schaue. Die ist sicher ganz naß. Ich muß sie trockenlegen.«

Christoph setzt sich gehorsam in die Couchecke. Während die Mutter ihm das Baby übergibt, ermahnt sie ihn: »Du mußt den Kleinen jetzt ganz festhalten, damit er nicht herunterfällt.«

Zuerst ist das Brüderlein still. Dann aber beginnt es fürchterlich zu schreien. Vielleicht hat der besorgte große Bruder es zu fest in seinen Armen gehalten. Er ruft: »Mama, Mama, komm schnell! Der Tobias schreit so sehr.«

»Versuche, ihn zu beruhigen!« erwidert die Mutter ihrem Ältesten. »Ich kann Michaela jetzt nicht allein lassen. Ich muß sie erst fertigmachen.«

Und tatsächlich, der Säugling wird still. Nach einigen Minuten kommt die Mutter zu den beiden. »Siehst du«, lobt sie den Fünfjährigen. »Das hast du gut gemacht! Dich kann man schon gebrauchen.«

Da antwortet der Junge: »Der Herr Jesus hat ihn beruhigt. Ich habe es ihm gesagt.«

Die Mutter nimmt nun das Baby und trägt es zum Wickeltisch. Während sie dabei ist, es trockenzulegen, ist Stoffi von der Seite gekommen und lehnt sich mit den Armen auf den Wickeltisch. Der Kleine fängt wieder jämmerlich zu schreien an. Da beugt sich Stoffi über das Brüderchen, faltet seine Hände und sagt: »Lieber Herr Jesus, du hast doch eben dem Tobias sein Herz beruhigt, als ich dich darum gebeten habe. Tu es doch jetzt noch einmal.« So beglückend, so selbstverständlich kann das alles sein – das Reden mit Gott, das Vertrauen zu ihm und das Wissen darum: Er kann helfen.

Aber es muß den Kindern erst gesagt werden. Man muß ihnen das Verständnis dafür wecken. Daß manchmal auch kleine Entgleisungen vorkommen, ist weiter nicht schlimm. Dafür sind ja die Eltern da, daß sie mit den Kindern sprechen und versuchen, ihnen zu erklären, was sie noch nicht verstehen können.

So war Christoph unlängst ein wenig krank. Seine Mutter, meine Patentochter, hatte es mir am Telefon erzählt. Plötzlich hörte ich seine Stimme und bat sie: »Laß ihn doch mal an den Apparat kommen.« Und nun ergab sich folgendes Gespräch zwischen uns:

»Stoffi, hier ist die Omi. Ich höre, daß du krank gewesen bist.«

»Ja, ich hab' ganz doll Fieber gehabt, und ich bin auch ganz mager geworden.«

»Das tut mir aber leid! Geht es dir denn jetzt wieder besser?«

»Nein, noch nicht ganz. Aber ich darf schon wieder aufstehen.«

»Das ist gut. Hoffentlich erholst du dich bald. Opi und ich wollen für dich beten, daß du bald wieder gesund wirst.«

»Ist nicht nötig, wir haben 'nen Arzt.«

Ich mußte am Telefon schmunzeln und habe es später seiner Mutter erzählt. Gewiß hat sie daraufhin versucht, ihm klarzumachen, daß eins das andere nicht ausschließt; daß man auch den Arzt rufen darf, obgleich man es vorher dem lieben Gott gesagt hat – daß Gott aber den Arzt segnen muß, damit dieser dem Kranken helfen kann.

Eines Tages liegt der Fünfjährige auf der Couch und ruft nach seiner kleinen Schwester: »Michi, komm zu mir, ich will mit dir über Jesus sprechen.«

Es entzieht sich meiner Kenntnis, was der Inhalt des Gespräches war. Plötzlich hört ihn die Mutter im Nebenzimmer verärgert rufen: »Mama, die Michi ist zu dumm! Mit der kann man nichts anfangen. Sie versteht überhaupt nicht, was ich ihr sage. Sie ruft immer nur: ›Jesus, Jesus‹ und läuft dabei im Zimmer herum.«

Als meine Patentochter mir diese Begebenheit erzählte, sagte ich: »Möge in Michaelas Leben die Zeit kommen, in der sie erkennt, daß das Anrufen des Namens Jesu ihr zum Rettungsanker werden kann. Jetzt begreift sie es natürlich noch nicht, und wer weiß, was Stoffi ihr erzählt hat. Aber irgendwann sollte es auch ihr beigebracht werden, was meine Mutter uns klarzumachen versuchte, als meine drei Brüder und ich noch Kinder waren: ›Wer den Namen des Herrn anruft, der wird selig.‹«

Stoffi war noch nicht ganz fünf Jahre alt, als er eines Tages den Eindruck hatte, seine Mutter sei stiller als sonst oder gar ein wenig traurig. Vielleicht fühlte sie sich nicht besonders wohl oder hatte irgendeinen Kummer. Dazu war das Wetter an diesem Tag trüb und unfreundlich. Die Kinder spielten im Wohnzimmer um die Mutter herum. Plötzlich hellte sich der Himmel auf. Stoffi blickte erfreut hinaus. »Oh, Mama, sieh nur!« Er deutete mit der Hand in den Garten. »Die Sonne scheint! Die Sonne scheint! Soll ich einen Sonnenstrahl für dich hereinlassen?« Er öffnete spontan die Tür zur Terrasse, damit die Sonne hereinkommen könne. In diesem Augenblick wurde er selbst zu einem kleinen Sonnenstrahl für seine Mutter, die bewegt war von seinem Bemühen, sie aufzumuntern.

In der Tat, Kinder können zu Lichtträgern werden.

Katja, auch eine Enkelin von Martl Lang, damals gerade vier Jahre alt, fragte ihre Mutter: »Mama, gibt es im Himmel auch Salat und Obst?«

»Warum willst du das wissen?«

»Der Großpapa ist jetzt im Himmel. Der braucht doch Vitamine. Ich will ihn dort besuchen und ihm Salat und Obst bringen.«

Die Mutter antwortete: »Wir können nicht einfach in den Himmel gehen.«

»Aber mein Papa, der kann es, der ist doch so groß! Der nimmt eine lange Leiter, und ich steige hinauf.« Welch ein Vertrauen von Katja! »Mein Papa kann alles!« Väter und Mütter können für ihre Kinder gewissermaßen durch ihr Vorbild zur Himmelsleiter werden. Welche Möglichkeiten und Aufgaben haben doch christliche Eltern!

Noch ein Erlebnis mit Kindern: Katjas Mutter war ebenfalls fünf Jahre alt, als Martl Lang nach dem Tode der ersten Frau ihres Mannes deren zweite Mutter wurde. Auch sie wuchs mit ihren Schwestern ganz selbstverständlich in die Berghauswelt hinein, in der es viel Beglückendes für Kinder gab: Hühner, Gänse, Kaninchen, Hunde, Schweine, Rinder und sogar ein wunderschönes weißes Pony, auf dem man reiten konnte.

Eines Tages erklärte die Fünfjährige: »Mama, wenn ich groß bin, heirate ich einen Pfarrer. Weißt du, dann ist die Omi schon lange tot und kann keine Andachten mehr halten. Das muß dann mein Pfarrer tun.«

Daraufhin sagte ihre Mutter: »Aber bis dahin darfst du nicht mehr so trotzig sein, wie du es jetzt noch manchmal bist. Der Pfarrer mag nicht gerne eine eigensinnige Frau haben.«

Darauf antwortete die Kleine: »Dann werde ich sagen: Herr Pfarrer, Sie müssen mich nehmen, wie ich bin!«

Denken wir nicht alle mehr oder weniger wie das kleine Mädchen damals? Man muß mich nehmen, wie ich bin.

Ich hatte einmal eine Mitarbeiterin, ein sehr befähigtes, intelligentes junges Mädchen, das im Umgang jedoch nicht unkompliziert war. Als einmal eine Aussprache nötig wurde, sagte sie zu mir: »So bin ich nun einmal. Ich habe mich ja schließlich nicht selbst gemacht. Meine Umgebung muß mich halt akzeptieren, wie ich bin!«

Nein, so ist es nun doch nicht. Die kleine Christel, später Katjas Mutter, konnte nicht erwarten, daß sich alle nach ihr richten und ebensowenig meine Mitarbeiterin. Zu den Lektionen der Schule des Lebens gehört – man lernt es am besten schon frühzeitig –, daß man sich einfügt. Sonst kommt man im Leben schwer zurecht, sei es in der Schule, im Beruf oder in der Ehe und Familie.

Manche Eltern vertreten heute die Meinung, daß man seine Kinder ganz frei heranwachsen lassen soll. Solche Väter und Mütter erlauben ihren Kindern alles und verbieten ihnen nichts. Sie sollen sich ungehemmt entwickeln können. Die Väter und Mütter merken oft viel zu spät, daß sie Sklaven ihrer Kinder geworden sind. Man hat heute den Eindruck, daß die vor einigen Jahren stark um sich greifende antiautoritäre Welle wieder im Abnehmen ist. Manche Eltern und Erzieher haben eine völlig falsche Auffassung von Autorität. Autorität hat nichts mit Zwang oder liebloser Härte zu tun, sondern bedeutet liebevolle Konsequenz. Wie soll sich ein Kind als Erwachsener im Leben zurechtfinden, wenn es nicht frühzeitig gelernt hat, sich anzupassen und einzufügen? Ich denke da an ein junges Mädchen, das eines Tages zu ihrem Chef sagte: »Wenn ich mit schlechter Laune ins Büro komme, so ist es am besten, Sie sprechen mich erst gar nicht an.«

Der Chef hatte sie aufgrund ihrer guten Schulzeugnisse angestellt. Aus diesen war allerdings nicht zu ersehen gewesen, daß das junge Mädchen nicht gelernt hatte, sich zu überwinden, wenn ihm etwas schwer fiel.

Es ist fast nicht zu glauben, in welche Situationen Lehrer heute geraten können, wenn sie sich durchsetzen wollen. Ein Beispiel aus unseren Tagen: Der Lehrer betritt eine Klasse und wendet sich an einen Schüler: »Du siehst doch, daß da Papier auf dem Boden herumliegt. Bitte, hebe es auf!«

»Mach's doch selber«, ist die Antwort. »Ich hab's nicht dahin geworfen.«

Verallgemeinern kann man so etwas natürlich nicht. Doch sollen solche oder ähnliche Fälle nicht selten sein. Glücklicherweise gibt es immer noch Eltern, die ihre Kinder zu Gehorsam und Dankbarkeit erziehen. Das kommt nicht nur diesen, sondern auch ihnen selbst zugute.

Wenn ich bisher einige heitere Beispiele von den Kindern wiedergab, an denen ich mich immer wieder im Berghaus freuen kann, so muß dazu gesagt werden, daß diese alle in geordneten Verhältnissen leben und von liebevollen Eltern betreut werden. Sie haben das große Glück, in einer harmonischen Familie heranzuwachsen und müssen auch nicht in einer lärmenden, von Benzingestank erfüllten Stadt wohnen. Es ist immer ein Fest, wenn sie die Großmama besuchen dürfen, bei der sie sich auf dem weiten Gelände des Berghauses St. Michael nach Herzenslust tummeln können oder gar hier ihren ständigen Wohnsitz haben. Da sind die Wiesen, die schattenspendenden alten Bäume, und vor allem die vielen, vielen Blumen an den Wegrändern, vor den Häusern und im Garten. Im Herbst freuen sich die Kinder an der bunten Farbenfülle und im Winter an der weißen Pracht der Felder und Wiesen.

Ich erinnere mich, wie eines meiner Patenkinder, das mit seinen Eltern in der Stadt wohnte, einmal im Frühling zu Besuch kam. Beide Hände hatte es mit Schlüsselblumen gefüllt und rief, überwältigt von der ihr bis dahin unbekannten Schönheit in der Natur: »Omi, Omi, ich könnte weinen vor lauter Blumen!«

Die damals Sechsjährige fand keine andere Ausdrucksform für das, was sie beim Anblick der vielen goldenen Himmelsschlüssel empfand. Die Freude darüber schien ihr kleines Herz sprengen zu wollen.

Wie können Kinder uns Erwachsene mit ihrer Ursprünglichkeit beglücken! Aber sind wir dafür noch offen?

Es heißt vielfach, daß wir in einer kinderfeindlichen Zeit leben. Ist es wirklich so? Bei manchen kommt es mir so vor, als seien sie von einer Psychose befallen. Ich denke da an ein gesundes, intelligentes Ehepaar. Beide lehnen eigene Kinder ab.

»Nein, wir wollen unser Dasein genießen. Kinder sind eine Last. Mit Kindern können wir unser eigenes Leben, auf das wir doch Anspruch haben, nicht verwirklichen. Und dann, wie kann man in einer solchen Zeit wie der unseren es noch wagen, Kinder in die Welt zu setzen – in eine ungewisse Zukunft, in der jeder Tag den Ausbruch eines neuen Krieges bringen kann. Außerdem kosten Kinder Geld. Sie sind eine ziemlich teure Angelegenheit.«

Nicht in jedem Fall natürlich, aber doch sehr oft spricht der krasse Egoismus aus solchen Äußerungen. Wie oft müssen junge Ehepaare später erleben, wenn sie endlich für ein Kind bereit sind, daß sie dazu nicht mehr imstande sind. Dann läuft man von Arzt zu Arzt, damit dieser ihnen helfe.

Nein, Kinder dürfen in diesem Buch nicht fehlen. Der Umgang mit ihnen hat mein Leben ebenso geprägt wie der Umgang mit alten oder leidenden Menschen.

Glücklich sind Kinder, die in Harmonie und unbekümmert zwischen ausgeglichenen und an sich selbst und ihrer Charakterbildung arbeitenden Eltern heranwachsen.

Tiefes Mitleid und Erbarmen erfüllt mich immer, wenn ich an solche denke, deren Kindheit durch ihre eigenen Eltern und deren Tun zerstört wird.

In das hiesige Kinderheim wurde ein kleiner Junge gebracht, weil sein Vater ihn unmenschlich mißhandelt hatte. Die brutalen Schläge auf den Kopf des Kindes hatten die zeitweilige Erblindung und später wohl lebenslängliche Sehstörungen zur Folge.

In der vergangenen Woche berichtete ein Zeitungsartikel, daß ein vor Eifersucht fast irrsinniger Mann seine Frau in Gegenwart seiner zwei kleinen Söhne auf der Straße erstochen habe, weil er sie mit ihrem Liebhaber überrascht hatte. Er lebte seit einiger Zeit von seiner Frau getrennt. Dieser Zeitungsbericht hat mich zutiefst erschüttert. Genügte es nicht, daß die beiden kleinen Jungen immer wieder heftige Streitigkeiten zwischen ihren Eltern erlebt hatten? Mußten sie nun auch noch Zeugen dieser unmenschlichen Bluttat sein? Wie können sie je in ihrem Leben mit diesen unbeschreiblichen Eindrücken fertig werden? Und was wird wohl einmal aus ihnen selbst werden?

Vor meinem Mann und mir sitzt ein fünfzehnjähriger Junge. Irgendwie sind wir betroffen über seine traurigen Augen. Er erzählt uns von seinem Elternhaus, das im Grunde genommen nie ein solches war. Eine dem Alkohol verfallene, häufig betrunkene Mutter; ein Vater, der seine Frau schlägt und verachtet und sich dann einer anderen zuwendet; Geschwister, die das Leben zu Hause nicht mehr ertragen und fortlaufen, ohne zu wissen wohin. Schließlich gehen sie auf's Jugendamt und flehen die Beamten an: »Nehmt uns weg von den Eltern, wir ertragen es nicht länger, bei ihnen zu bleiben!«

Daß sie sich in dem Kinderheim, in das man sie brachte, in dem innere und äußere Ordnung herrschte, nur schwer zurechtfanden – wen wundert es? Eines der Geschwister lief von dort wieder weg, tauchte in einer zweifelhaften Familie unter, wurde von der Polizei weggeholt und in ein anderes Heim gebracht. »Arme Kinder, was soll aus euch werden? Ihr seid letztlich nicht schuld an eurer Unfähigkeit, das Leben zu meistern, wenn ihr einmal auf eigenen Füßen stehen sollt.«

Zwei kaum vierzehnjährige Mädchen unterhalten sich. Irgend jemand hat sie zu dem ergreifenden Film »Der stumme Schrei« mitgenommen, in dem in erschütternder Weise von dem Mord an ungeborenen Kindern die Rede ist. Eines der Mädchen vertraut der anderen an: »Meine Mutter hat schon ein paar Mal abgetrieben.« Noch unter dem Einfluß des Filmes fährt es fort: »Für mich käme das nicht in Frage – aber...« Wird sie stark genug sein, ihrem Vorsatz treu zu bleiben?

Und nun ein ganz anderes Erlebnis. Vor mir liegt der Brief einer Frau, die mir berichtet: »Zehn Jahre lang haben mein Mann und ich vergeblich auf ein Kind gewartet, und wir sehnten uns doch so sehr danach. Dann haben wir uns entschlossen, ein Pflegenest aufzumachen, heimatlosen Kindern ein zu Hause zu bereiten. Bald nachdem die ersten Kinder bei uns waren, erhörte Gott unser Gebet und schenkte uns ein eigenes Kind. Aus Dankbarkeit blieben wir bei unserem Entschluß und nahmen noch acht fremde Kinder auf. Wir sind eine große glückliche Familie geworden und erleben so viel Erfreuliches, natürlich auch Enttäuschungen, mit unseren Kindern, daß ich wünschte, so erzählen zu können wie Sie, Frau Dreisbach. Es würde sich lohnen, ein Buch über die Erlebnisse mit unseren Kindern zu schreiben, aber ebenso auch über die mit Gott, der sie uns anvertraut hat.«

Wie wahr ist doch das Wort, das ich seiner Zeit in der Eingangshalle meines Flüchtlingskinderheims anbringen ließ: »Kinder sind Rätsel von Gott, schwerer als alle zu lösen, aber der Liebe gelingt's, wenn sie sich selber bezwingt.«

Ich wünschte so sehr, meine Leser würden das auch so sehen, was im 127. Psalm im dritten Vers steht: »Kinder sind eine Gabe Gottes.« Unser Verhältnis zu ihnen wird neu und beglückend, wenn wir dies wissen. Ebenso möchte ich an das Wort aus Matthäus 18, 5 erinnern: »Wer ein solches Kind aufnimmt in meinem Namen, der nimmt mich auf.«

Eines Tages fiel mir ein Mädchen von etwa dreizehn Jahren auf, das ich vorher auf unserem Gelände nie gesehen hatte. Ich wußte nicht, woran es lag, aber es kam mir anders vor als jedes Mädchen, dem ich bisher in unserem Kinderheim begegnet war.

»Das ist Marita!« wurde mir erklärt. »Sie ist taubstumm und kommt nur über das Wochenende und in den Ferien zu uns.«

Taubstumm! In wenigen Augenblicken sah ich das schwere Schicksal dieser »Neuen« vor mir. Ein tiefes Mitleid mit dem Mädchen erfüllte mein Herz. Ich mußte einen Weg finden, mich mit Marita zu verständigen. Vielleicht könnte mir helfen, daß mein Vater vor vielen Jahren zwei taubstumme Jungen unterrichtet und zur Einsegnung vorbereitet hatte. Sie kamen damals zum Unterricht in unsere Wohnung, weil sie nicht gemeinsam mit den übrigen Jungen und Mädchen zur gleichen Zeit unterrichtet werden konnten. Mein Vater lernte in erstaunlich kurzer Zeit, sich mit ihnen zu verständigen. Sie lasen ihm die Worte vom Mund ab. Er mußte nur langsam und deutlich, wenn auch lautlos sprechen. Es fiel mir damals nicht schwer, die Art der beiden Taubstummen, sich verständlich zu machen, zu erfassen.

Es gab bald auch zwischen Marita und mir keine Verständigungsschwierigkeiten mehr. Ich erfuhr, daß sie in einem

Taubstummenheim lebte, in dem viele behinderte Kinder die Schule besuchten. Da während der Ferien und über dem Wochenende das Heim geschlossen wurde und Marita nicht zu ihrer Mutter nach Hause konnte, hatte man im Berghaus angefragt, ob sie hier die freien Tage zubringen könne.

Marita lief mir eines Tages ungewollt beinahe in die Arme. Spontan umfaßte ich sie und führte sie in unsere Wohnung. Dann stellte ich meinen Mann und mich vor: »Ich bin die Omi vom Berghaus, und dieses ist der Opi.« Sie wiederholte: »Omi, Opi«. Also hatte sie mich verstanden, während sie auf meine Lippen blickte, die die Worte geformt hatten, ohne daß ich einen Laut von mir gab.

»Und wie heißt du?« fragte ich in derselben Art weiter.

»Marita!« Da zog ich sie an mich und fand nichts besseres zu sagen als: »Ich hab' dich lieb!«

Erstaunt blickte mich das Mädchen an, als wolle es erwidern: »Du kennst mich doch gar nicht.« Aber es freute sich sichtlich, daß es mir möglich war, mich mit ihm zu verständigen.

Es war im Sommer. Ich saß oft draußen auf der Wiese vor dem Häuschen, dort, wo unsere Gartenmöbel stehen, meistens mit meiner Schreibmaschine. Marita stellte sich des öfteren bei uns ein.

»Darf ich auch einmal schreiben?« fragte sie eines Tages und deutete auf die Schreibmaschine. Sie schien mein Zögern zu bemerken. Nur ungern ließ ich andere an die Schreibmaschine.

»Ich kann Maschine schreiben«, erklärte Marita mir mit ihren rauhen Kehllauten. »In unserer Schule Unterricht! Lehrerin so dick.« Sie umkreiste ihren Körper mit beiden Armen, um mir den Leibesumfang dieser Dame anzudeuten.

»Sie ist sicher sehr nett«, fragte ich zurück.

Ein heftiges Kopfschütteln war Maritas Antwort. Dann folgte die weitere Personenbeschreibung der Lehrerin: »Puh! Frau Müller stinkt!«

Ich hütete mich zu sagen: »So spricht man aber doch nicht

von einer Lehrkraft in der Schule.« Unsere Bekanntschaft war noch zu neu, als daß ich ihr hätte Vorhaltungen machen dürfen. Ich mußte erst einmal ihr Vertrauen gewinnen. Mein Mitleid mit dem behinderten Mädchen war in diesem Augenblick stärker als mein pädagogisches Empfinden. Wie viel mußte es in seinem Leben entbehren! Maritas Ohr war nicht imstande, irgendeinen Laut aufzunehmen, weder ein Wort der Liebe noch eins der Ablehnung.

Ich dachte an mich selbst. Schon von meiner Kindheit an hatten mich Worte beglückt – die Möglichkeit, Gedanken auszusprechen, ihnen Form und Gestalt zu geben, sie anderen mitzuteilen und sie niederzuschreiben. Je älter ich wurde, desto mehr erfreute mich eine vollendete Rede, ein wohlgestalteter Vortrag und später vor allem eine geisterfüllte, wohlformulierte Predigt.

In meinem Elternhaus wurde sehr auf eine gute Ausdrucksform geachtet. Von alledem sind die Gehör- und Sprachlosen ausgeschlossen. Wie gut, daß es Heime gibt, in denen man bemüht ist, sie zu fördern und in eine Welt einzuführen, die ihnen ohne diese Hilfe unzugänglich wäre.

Ich denke an Helen Keller, deren Lebensbild mich bereits als Kind stark beeindruckt hatte. Für Taube und Stumme schienen in jener Zeit keine Bildungsmöglichkeiten zu bestehen. Und doch schlug dieses Mädchen dank der aufopfernden Hilfsbereitschaft ihrer Hauslehrerin, die ihm später zur Freundin wurde, einen erstaunlichen Weg ein. Helen Keller wurde eine hervorragende Schülerin, studierte, erwarb den Doktortitel und leistete Erstaunliches in ihrem Leben. Natürlich war es notwendig, daß sich ein Mensch ganz für sie einsetzte, ein Mensch, der sich für sie beinahe selbst aufgab und sich so in die Psyche der Behinderten hineinlebte, das er ihr alles geben konnte, was notwendig war, um ein solch hohes Ziel zu erreichen. – Und nun war Marita hier. Natürlich konnte ich ihr nicht auch nur einen Bruchteil von dem geben, was Helen Keller durch ihre Lehrerin empfing. Aber ich konnte auch nicht so tun, als ginge mich dieses taubstumme Mädchen überhaupt nichts an, auch wenn wir räumlich getrennt lebten und uns nur von Zeit zu Zeit sahen.

Würde sie überhaupt jemals einen Zugang zu mir finden, der über Achtzigjährigen?

Aber ich hatte ihr ja gesagt, daß ich sie liebhaben wolle. Und die Sprache der Liebe verstehen auch Taube und Stumme. Ich erlaubte ihr also, in meiner Gegenwart auf meiner Maschine zu schreiben. Erfreut, mir beweisen zu können, daß sie es besser konnte als ich, klapperte sie fröhlich drauflos. Vorher hatte sie mir mit energischem Kopfschütteln erklärt, daß ich es falsch mache, wenn ich nur mit drei Fingern schreibe. Scheinbar imponierte es ihr kein bißchen, daß ich ihr bewies, auch auf diese Weise nach meiner Vorstellung recht schnell schreiben zu können. Jedenfalls bin ich mit dieser Art über fünfzig Jahre lang gut zurechtgekommen. Aber sie machte mir klar, daß ihre dicke Lehrerin (wieder hielt sie sich die Nase zu, um mir deutlich zu machen, wen sie meinte) ihr mit einem Stöckchen auf die Hände schlage, wenn sie nicht alle zehn Finger beim Schreiben benutze.

Ohne Zweifel, Marita hatte mir einiges voraus.

Nach einer Weile reichte sie mir das Briefblatt hin.

Ich las: *»Liebe Omi, Du und Opi sehr gut. Ihr sicher viel beten zu Gott. Das ist gut. Ich habe Dich lieb, Omi! Deine Marita.«*

Dieser kleine Liebesbrief hat mich sehr bewegt. Ich fragte sie: »Marita, betest du auch?«

Sie sah mich einen Augenblick an, als müsse sie nachdenken. Dann zuckte sie die Achseln und formte mit den Lippen: »Manchmal!«

Von den größeren Kindern im Kinderheim hielt sie sich in der ersten Zeit fern. Mit den kleineren gab sie sich zunächst nur zögernd ab, wohl empfindend, wie auch diese schon merkten, daß sie anders war als die übrigen. Vor allem liebte Marita die beiden Schäferhunde, die zum landwirtschaftlichen Anwesen gehören. Maritas Liebkosungen waren oft sehr heftig. Sie streichelte die Hunde, auch wenn es denen nicht paßte. Das wurde dem größeren eines Tages wohl doch zu viel. Er konnte ja nicht ahnen, daß die Arme sein Knurren, durch das er seinen Unwillen kundtun wollte, nicht hören konnte. Sie streichelte ihn weiter und versuchte ihn festzuhalten, als er sich erheben wollte. Da passierte es. Er schnappte zu und biß sie. Glücklicherweise war es keine schwere Verletzung. Dadurch hatte sie aber begriffen, daß ihre ungestümen Sympathiebezeugungen dem Hund nicht unbedingt gefielen. Ach, es gab in Maritas jungem Leben ja so manches, was sie nicht durfte, was sie nicht konnte und worauf sie verzichten mußte. Es fiel ihr schwer, immer so zu reagieren, wie es richtig war. Eines Tages saß sie wieder bei mir am Gartentisch. Irgendwie schien sie verärgert oder schlecht gelaunt zu sein. Ich fragte: »Marita, was hast du? Bist du traurig, oder hast du Ärger gehabt? Fühlst du dich nicht wohl?«

Sie deutete heftig mit der Hand hinüber zum Kinderheim und erklärte mir: »Tante bös!« Sie meinte ihre Gruppenleiterin, die Erzieherin.

Ich blickte sie erstaunt an und wagte zu widersprechen: »Aber die Tante ist doch immer gut zu dir!«

»Nein, Tante bös, Tante schimpft!«

»Dann warst du sicher nicht gehorsam!«

»Essen pfui!« Sie machte eine Handbewegung, als führe sie einen Löffel zum Mund und tat dann, als spucke sie das Essen zurück in den Teller, weil es sie ekelte. »Pfui Essen!«

Ich fand, daß ich dies nun doch nicht unwidersprochen hinnehmen dürfe. Maritas Gesichtsausdruck hatte sich völlig verändert. Sie war nicht gewillt, meine Entgegnungen anzuhören und blieb dabei: »Essen hier schlecht! Tanten alle bös! Mein Zimmer nicht schön!«

Auf der ganzen Linie war sie verneinend und voller Widerspruch. Schließlich sagte ich: »Marita, du bist unzufrieden, weil du undankbar bist.« Ich versuchte, ihr die mancherlei Vorzüge ihres Hierseins klarzumachen: »Du hast ein schönes Zimmer ganz allein für dich, du bekommst mit wenigen Ausnahmen dasselbe Essen wie die Gäste im Erholungsheim! Daß du manchmal einen Brei oder ähnliches, was man für die Kinder doch auch kochen muß, erhältst, ist doch klar. Warum siehst du nicht das Gute, das dir hier geboten wird?«

Nein, sie wollte mir nicht länger zuhören. Obwohl sie mein Sprechen nicht vernehmen konnte, hielt sie sich die Ohren zu, um zu demonstrieren, daß ihr meine Meinung völlig unwichtig war. Auch blickte sie mir nicht mehr auf die Lippen, um meine Worte ablesen zu können. Plötzlich sprang sie heftig vom Stuhl, stieß diesen zurück und lief davon.

Ich war überzeugt, daß sie schon nach kurzer Zeit wiederkommen würde. Aber ich täuschte mich. Es vergingen zwei oder drei Tage. Marita ließ sich nicht blicken. Ich sah sie wohl zu den kleineren Kindern gehen oder sich mit den Hunden abgeben, auch auf dem Spielplatz stellte sie sich ein. Dort schaukelte sie wild und turnte in fast halsbrecherischer Weise am Reck. Dabei warf sie immer wieder einen schrägen Blick zu den Fenstern unserer Wohnung herauf. Wenn ich ihr zusah, tat sie, als bemerkte sie mich nicht. Sie betrat weder unsere Wohnung, noch kam sie zu unserem Sitzplatz auf dem Rasen, wie sie das sonst so gerne getan hatte. Es war offensichtlich: Marita war verärgert, ja, tief gekränkt.

Einmal wandte sie mir aus einiger Entfernung ihr Gesicht zu. Ich winkte mit beiden Armen: »Marita, komm doch!« Sie tat auch jetzt, als sähe sie mich nicht. Das ging tagelang, ja, einige Wochen so. Was mochte in diesem Kind vor sich gehen? Mein Mann merkte, daß ich im Gedanken an Marita, der ich doch so gerne Gutes erweisen und Liebe entgegenbringen wollte, traurig war. Dieses Erlebnis entsprach so gar nicht meinen bisherigen Erfahrungen mit Kindern.

Eines Tages sah mein Mann, wie Marita sich wieder einmal auf den Weg zu den Hunden machte. Dabei mußte sie an unserem Haus vorbei. Er trat ihr in den Weg und zeigte auf die offene Haustür. »Komm doch, Marita! Omi wartet!«

Sie lief an ihm vorbei, als sei er Luft. Wie sollten wir uns jetzt weiter verhalten? Uns blieb nichts anderes übrig, als zu warten. Täglich schlossen wir sie in unsere Fürbitte ein.

Eines Tages stand ich bei meinem Mann im Wintergarten. Marita lief mit abgewandtem Gesicht an uns vorüber. Wir konnten sie durch die großen Fensterscheiben genau beobachten. Dann wandte sie für den Bruchteil einer Sekunde den Kopf zu uns. Im gleichen Augenblick breitete ich meine beiden Arme nach ihr aus.

»Marita, törichtes Kind!«

Da war es, als sei ein Bann gebrochen. Sie stürmte in den Wintergarten und wortlos in meine ausgebreiteten Arme hinein. Ach, sie konnte ja gar nicht ausdrücken, was in ihr vorging. Sie lehnte ihren Kopf an mich und ließ sich von mir streicheln. Worte sind ja auch gar nicht immer nötig, so wichtig und hilfreich sie zuweilen sein können.

Von da an war zwischen uns wieder alles gut. Längst hat sie sich hier zurechtgefunden. Die Tanten sind nicht mehr bös – das Essen ist so gut, daß man es nicht mehr zurück in den Teller spucken muß. Ihr Zimmer ist ihr längst zu einem ihr lieben, eigenen Reich geworden, und sehr beglückt war sie über das ihr zur Verfügung gestellte Fahrrad, mit dem sie unbekümmert drauflos strampelt.

Als ich kürzlich an einem Sonntagmorgen neben meinem Mann in der Kirche saß, fühlte ich mich kurz vor Beginn des Gottesdienstes von hinten stürmisch umarmt. Ein blonder Mädchenkopf lehnte sich für einen Augenblick an meine Wange. Als ich mich überrascht umwandte, blickte ich in zwei strahlende Kinderaugen. Es war Marita, die sich unbekümmert von den vielen Menschen im Gottesdienst einen Weg zu uns gebahnt hatte und sich riesig freute, daß ihr diese Überraschung gelungen war. Schon an einigen Sonntagen sah ich sie zu meiner Freude neben einer der Erzieherinnen sitzen. Was zieht die Taubstumme wohl hierher? Sie hört keinen Gesang, vernimmt nicht einmal das Spielen des Posaunenchores oder die Klänge der Orgel. Sie versteht auch kein Wort der Predigt. Würde ich sie nach dem Grund ihres Kommens fragen, so wäre ihre Antwort vielleicht diese: »Nur dabeisein möchte ich – nur dabeisein, nicht wie so oft abseits stehen müssen.«

»Wer ein solches Kind aufnimmt in meinem Namen...«

Ein solches Kind! Meint Jesus in erster Linie nicht die, die so vieles entbehren müssen, was ungezählte andere Kinder als selbstverständlich hinnehmen? Die Tauben, die Stummen, die Blinden, die Mißhandelten, die Ungewollten – die ungeliebten, die unerwünschten Kinder?

Vor Jahren erzählte mir ein Mädchen von dreizehn Jahren unter Tränen, eine andere Gleichaltrige habe ihr höhnisch nachgerufen: »Du hast ja gar keinen Vater, du hast ja nur einen Erzeuger!«

Wie oft begegnet uns das Wort »Kindernothilfe«. Genügt es, daß wir mit Bedauern oder gar Erschütterung von Fällen lesen, in denen Kinder von den eigenen Eltern mißhandelt oder ausgesetzt werden? Tatsache ist, daß wir in vielen Fällen beim besten Willen nicht helfen, die Verhältnisse nicht ändern, so manche Not nicht lindern können. Aber haben wir uns überhaupt schon einmal ernsthaft mit der Frage beschäftigt, ob irgendwo in erreichbarer Nähe vielleicht *eine* Kindernot wäre, die wir beheben oder zumindest lindern könnten?

Manch einer, der behauptet, keinen Zugang zu Kindern zu haben oder keine Begabung, mit ihnen umzugehen, ahnt nicht, um wieviel Freude er sich selbst bringt, wenn er sich solchen Aufgaben verschließt.

Jene Frau, von der ich in diesem Buch bereits erzählte, die zu ihrem eigenen einzigen Sohn noch acht fremde Kinder ins Haus genommen und aufgezogen hat, ist durch diese gewiß nicht leichte Aufgabe bestimmt nicht ärmer geworden. Sie hat vielmehr anderen, die sich vergeblich nach einem eigenen Kind sehnen, durch ihr Beispiel einen Denkanstoß gegeben und auch Mut gemacht, einen solchen Weg der Selbstverleugnung einzuschlagen. Ich meine, die Reaktionen mancher zu hören: »Dazu habe ich keine Zeit, kein Geld, keine Räumlichkeit, keine Begabung – und wenn ich ehrlich sein soll, auch keine Lust. Da müßte ich mich ja selbst einschränken.« Allerdings, ohne Opferbereitschaft und Selbstverleugnung geht es nicht, und ein wenig Phantasie und Erfindungsgeist gehören auch dazu.

Ich bin überzeugt, daß jene Frau, in deren Haus eine Asylantenfamilie Aufnahme fand, selbst darüber glücklich ist, jede Woche einige Male zu dieser Familie zu gehen, um den Kindern, die nur wenig Deutsch können, hier aber die Schule besuchen müssen, bei den Schulaufgaben zu helfen.

»Welch eine ausgefallene Idee!« sagten die Nachbarn, als eine alte Dame, in deren Haus eine kinderreiche italienische Familie endlich eine Wohnung fand, bei deren Einzug der Frau ein Blumensträußchen überreichte mit den Worten: »Herzlich willkommen in diesem Haus!« Jedem Kind drückte sie ein paar Süßigkeiten in die Hand. Kein Wunder, daß das gegenseitige Verhältnis ausgezeichnet wurde. Die Italiener hatten schon einige Male die Wohnung wechseln müssen. Wer will denn schon eine kinderreiche Familie? Nirgends aber hatten sie bisher erlebt, daß man ihnen Blumen überreichte. Die Reaktion darauf: Strahlende Kinderaugen, wenn die alte Dame auftaucht, und eilige Hilfsbereitschaft von willigen Kinderhänden.

»Du Oma, schwere Tasche! Ich dir tragen helfen! Ich dir Garagentür aufmachen, wenn du mit deine Auto kommst.« War der Wunsch des Elternpaares, sie an ihrer großen Freude teilnehmen zu lassen, verwunderlich? Glückliche Mitteilung im Treppenhaus: »Wir bekommen wieder ein Bambino!« Als es so weit war, kam der telefonische Anruf der stolzen Mutter aus dem Krankenhaus: »Ich dir zuerst sagen. Ich wieder ein Sohn haben!«

Das ist es ja gerade, empören sich manche: »Die vermehren sich wie die Kaninchen! Und wir müssen zahlen!«

Ich möchte davon absehen, dazu hier Stellung zu nehmen. Ich schäme mich über solche Äußerungen.

Es sind nun eineinhalb Jahre her, da lasen mein Mann und ich in der Tageszeitung einen Hinweis, daß eine junge Frau aus Erythräa mit zwei kleinen Söhnen, sechs und viereinhalb Jahre alt, vom Leiter des Ordnungsamtes der Stadt Geislingen, dem die Angelegenheiten der Asylsuchenden unterstellt sind, auf dem Bahnhof in Empfang genommen wurde. Vorher war sie einige Monate in einem Sammellager gewesen und nun nach Geislingen überwiesen worden, wo man ihr im Übergangswohnheim zwei bescheidene Räume überlassen hatte.

Sie konnte sich sprachlich nicht verständigen, kannte hier ja auch keinen Menschen und war voller Angst, was auf sie und ihre Kinder warten würde. Weinend stand sie im Übergangswohnheim und sehnte sich zurück nach dem Sammellager, in dem sie eine Anzahl Leidensgenossen kennengelernt hatte und sich mit ihnen wenigstens verständigen konnte, auch wenn sie verschiedener Nationalität waren. Bei allen Verständigungsschwierigkeiten verband sie das ähnliche Schicksal. Durch oft erschütternde Umstände waren sie alle heimatlos geworden.

Ich las den Hinweis in unserer Zeitung und sagte zu meinem Mann: »Wollen wir nicht noch heute nach dieser Frau sehen? Wir müssen uns um sie kümmern.«

Mein Mann war sofort einverstanden. Wir fuhren den Berg hinunter und sprachen mit der Hausmeistersfrau des Übergangswohnheims, die uns gleich darauf die junge Mutter mit ihren beiden Söhnen vorstellte. Ängstlich standen uns alle gegenüber.

»Sprechen Sie englisch?« fragten wir.

»Französisch?«

»Deutsch?«

Kopfschüttelnd bewies sie, daß sie wenigstens unsere Fragen verstanden hatte.

»Nur Erythräisch.«

Wie sollten wir uns nur mit ihr verständigen? Schließlich mußte sie wissen, mit wem sie es zu tun hatte. Eine etwas eigenartige Vorstellung folgte: »Ich Omi!« Dann deutete ich auf meinen Mann: »Das Opi! Wir wollen euch helfen. Kommt, steigt in unser Auto.«

Was nicht in Worten verstanden wurde, erklärten wir durch Gesten. Die offene Wagentür und einladende Handbewegungen ließen keinen Zweifel daran, daß wir die junge Frau und ihre Kinder mit uns nehmen wollten.

In unserer Wohnung war schnell der Tisch gedeckt. Nein, es kam keine Unterhaltung zustande. Aber auch hier wurde die Sprache der Liebe verstanden. Von da an verging keine Woche, ohne daß wir nicht zwei- oder dreimal bei unseren neuen Schutzbefohlenen erschienen. Die Kinder riefen schon von weitem, wenn sie uns sahen: »Omi, Opi!« und stürmten voller Freude auf uns zu. Und es dauerte nicht lange, da konnten wir uns so gut verständigen, daß Elsa – wenn auch in sehr gebrochenem Deutsch – berichten konnte, wie es ihr möglich gewesen war, mit ihren beiden jüngsten Kindern von Erythräa zu fliehen, nachdem sie Fluchthelfern dafür viel Geld bezahlt hatte. Ihr Mann, der zu einer Befreiungsbewegung gehörte, mußte untertauchen, um sein Leben zu retten. Danach fühlte auch sie sich nicht mehr sicher. Sie hatte Schreckliches erlebt. Soldaten hatten Dörfer und Städte bombardiert. Eine große Anzahl der Männer waren gefesselt abgeführt und erschossen worden. Die junge Frau hat außer ihren beiden kleinen Söhnen Jonas und Henok noch drei weitere größere Söhne, von deren Verbleib sie bis heute nichts weiß. Ebensowenig konnte sie erfahren, was aus ihren Eltern und anderen Angehörigen geworden ist. Elsa kommt aus guten Verhältnissen und ist Christin. Ihre beiden Großväter waren orthodoxe Priester.

Es ist nicht zu sagen, wie viele Tränen Elsa in der ersten Zeit ihres Hierseins vergossen hat und wie das Heimweh nach ihren Lieben noch heute an ihr zehrt. Bald hatten wir sie auch mit Frau Lang bekannt gemacht. In ihr fand Elsa ebenfalls einen gütigen, hilfsbereiten Menschen. Alle vierzehn Tage ist Elsa mit ihren beiden kleinen Jungen zu Gast im

Berghaus. Sie nehmen an der Andacht und am gemeinsamen Singen und Gebet teil. In der Anfangszeit war Elsa beim Singen der Lieder so stark bewegt, daß sie nur weinen konnte. Aber dann tat es ihr sichtlich wohl, von allen Seiten mit Liebe umgeben zu werden. Eines Tages umarmte sie mich und sagte in ihrem gebrochenen Deutsch: »Du mein Mama, und Opi mein Papa! Danke, viele Danke!«

Längst bevor wir uns in Deutsch richtig verständigen konnten, sangen wir mit den dreien, während mein Mann uns auf unserer Hausorgel begleitete. Als erstes lehrten wir sie das Lied: »Gott ist die Liebe...« Als wir nach einiger Zeit bei ihrem Besuch fragten: »Was sollen wir heute zuerst singen?« antwortete Elsa spontan: »Santa Jesus.« Wir überlegten und konnten uns nicht erinnern, ein Lied mit diesem Wortlaut gesungen zu haben. Schließlich wurde mir klar, was Elsa meinte. »Santa Jesus = Er sandte Jesus, den treuen Heiland, er sandte Jesus und macht mich los...«

Ach wie oft haben wir es inzwischen miteinander gesungen! Aber auch das andere wurde eines der Lieblingslieder der beiden Buben: »Ja, Gott hat alle Kinder lieb, alle Kinder in jedem Land. Er kennt alle ihre Namen, alle ihre Namen, hält sie alle, alle bei der Hand.«

Und dann geht es in ganz persönlicher Art weiter: »Ja, Gott hat auch den Jonas lieb, und den Henok.«

Längere Zeit war es mir nicht klar, warum Elsa immer mit den Tränen zu kämpfen hatte, wenn wir dieses Lied sangen. Später erfuhr ich, daß sie dann an ihre drei älteren Söhne dachte, von deren Schicksal sie nichts wußte. Waren sie überhaupt noch am Leben? Ich nahm sie in den Arm und sagte: »Du weißt nicht, wo sie sind. Aber Gott weiß es bestimmt!« Und dann ließ ich mir die Namen ihrer drei ältesten Söhne nennen: Alexander, Ephraim und Abraham. Von da an wurden auch die Namen der verschollenen Söhne in das Lied eingefügt: »Gott kennt alle ihre Namen, hält sie alle, alle bei der Hand, wo sie sich auch befinden mögen.« Um dies zu illustrieren und den beiden kleinen Brüdern verständlich zu machen, reichten wir uns alle beim Singen dieser Worte im Kreis die Hände.

Manches Heitere erlebten wir mit den Kindern. Eines Sonntags saßen wir wieder gemeinsam in unserem Wohnzimmer und machten ein Spiel. Die beiden Jungen, ganz bei der Sache, links und rechts von mir sitzend, rückten im Eifer immer näher an mich heran. Nach einer Weile bat ich sie: »Macht jetzt mal ein wenig Platz, damit die Omi hinausgehen kann.«

»Warum?« fragte Henok, der eine Störung im Spiel befürchtete.

Lachend erwiderte ich: »Aber hör mal, die Omi muß schließlich auch einmal auf die Toilette!«

»Schade«, erwiderte Jonas und rückte fast ein wenig widerwillig von mir ab.

Einmal machten wir mit unseren drei Schützlingen eine Autofahrt nach Ulm, um ihnen die Donau und das Münster zu zeigen. Auf einer der Promenadenbänke saßen wir gemeinsam am Ufer der Donau, unmittelbar vor einem großen hölzernen Schiff, das die Stadtverwaltung zum Spielen und Klettern für die Kinder aufgestellt hat und auf dem Buben und Mädchen begeistert herumturnen konnten. Jonas und Henok genossen es sichtlich, genau wie die anderen Kinder.

Da spazierte ein farbiges Ehepaar, ein großer, gut aussehender Schwarzer mit seiner elegant gekleideten Frau, vor uns auf der Promenade. Vor ihnen her sprangen ihre zwei Kinder, ein Mädchen und ein Junge, beide kleiner als Jonas und Henok. Die beiden, eben noch auf dem großen Schiff herumkletternd, verließen es fast erschrocken, als sie die Schwarzen sahen, und eilten zu uns auf die Bank. Ich wies sie auf die schwarze Familie hin und meinte, ihnen damit eine Freude zu machen. Aber sie schüttelten den Kopf. Und als ich sagte, daß sie doch so ähnlich aussähen wie sie, wehrten sie energisch ab: »Nein, wir nicht Neger, wir nicht schwarz!«

Sie machten einen bewußten Unterschied zwischen ihrer und der Hautfarbe der Schwarzen. Jonas beteuerte noch einmal: »Nein, wir nicht schwarz.«

»Was für eine Hautfarbe habt ihr denn?« wollte ich wissen.

Ehe der Ältere antworten konnte, erwiderte Henok: »Hellblau!« Seit einiger Zeit interessierte er sich nämlich für die deutschen Benennungen der Farben, und hellblau war seine Lieblingsfarbe geworden.

Unsere gegenseitige Verständigungsmöglichkeit reichte noch nicht so weit, daß wir hätten feststellen können, ob und woher sich ein gewisser Rassendünkel bemerkbar machte. Henok nahm es daraufhin zur Kenntnis, als ich sagte: »Du hast eine schöne Hautfarbe, so wie die Haselnuß ist. Gott hat euch braun, die Neger schwarz und uns weiß werden lassen.«

Je länger, desto mehr freuten wir uns, feststellen zu können, wie die Kinder sich fast spielend Deutschkenntnisse aneigneten.

Der Deutschunterricht begann gewöhnlich im Auto, wenn wir Elsa und die Kinder am Sonntagabend wieder in das Übergangswohnheim brachten.

»Ein Baum, viele Bäume. Viele Bäume – ein Wald. Ein Stern – viele Sterne.«

Darauf mußte natürlich das Lied folgen und gelernt werden: »Weißt du, wieviel Sternlein stehen an dem blauen Himmelszelt...«

Als der Mond zwischen den Wolken hervortrat, folgerte Henok: »Ein Mond, viele Monde!« Jonas aber wußte es besser und fiel ihm ins Wort: »Nein, nicht viele Monde, nur immer ein Mond.«

Es gab natürlich auch allerlei Anschauungsunterricht im fahrenden Auto. Ich versuchte, ihnen die Jahreszeiten zu erklären und sagte etwa, daß nach dem Herbst der Winter käme und alle Blätter von den Bäumen fallen. Dann müßten die Bäume ausruhen und neue Kräfte für das Frühjahr sammeln. Im Frühling kämen wieder Blätter und Blüten und später im Herbst auch Früchte wie Kirschen, Äpfel und Birnen.

Jonas machte sich seine eigenen Gedanken und fragte nach einer Weile: »Was fressen die Bäume?« Seine Gedanken waren gar nicht unlogisch. Ihm war klar, wenn etwas wachsen, gedeihen und Frucht tragen soll, muß es auch Speise zu sich nehmen.

Köstlich war es, wie die Kinder im Umgang mit der deutschen Sprache begannen, sich selbst Wortbilder zu formen. Eines Tages war ich mit Elsa in einem Wollgeschäft gewesen. Dort hatte man ihr einen ganzen Beutel Wollreste geschenkt. Voller Freude teilten die Kinder mir kurze Zeit später mit, daß die Mama für sie etwas stricke. Jonas fügte eifrig hinzu: »Mama strickt für uns eine Winterhilfe für den Hals.« Ist das nicht eine viel schönere Benennung als das gewöhnliche Wort Schal?

Die Erythräerin Elsa fühlte sich auf die Dauer nicht glücklich in dem Übergangswohnheim, in dem fast nur Männer aus verschiedenen Ländern untergebracht waren, außerdem noch etliche obdachlose deutsche Männer, für die man ebenfalls eine Bleibe benötigte.

Elsa war verständig genug zu begreifen, daß man nicht in jedem Zimmer fließend warmes Wasser haben konnte und daß sie sich wie die andern mit einem gußeisernen Becken an der Wand begnügen mußte. Aber schließlich wollte sie die Kinder und auch sich selbst wenigstens einmal in der Woche gründlich und warm waschen. Im Haus war wohl eine Dusche vorhanden, aber nur eine einzige für alle Bewohner. Da hieß es anstehen, bis man an der Reihe war. Elsas stark ausgeprägtes hygienisches Empfinden litt unter diesen Zuständen. Wie sollte sie sich dagegen wehren, wenn die Männer auf den Boden der Dusche und auch sonst im Haus herumspuckten? Obgleich sie nie von ihnen belästigt wurde – es geht etwas von ihr aus, das sie wie eine Schutzmauer umgibt –, empfand sie als Frau die Blicke und Gedanken mancher Männer doch als bedrückend, hatte andererseits aber auch Verständnis dafür, wie schwer es für diese Männer war, ohne ihre Frauen hier zu sein.

Ich muß unwillkürlich an ein Erlebnis denken, das allerdings schon einige Jahre zurücklag. Damals waren nur wenige Ausländer als Gastarbeiter in Geislingen. Im Übergangswohnheim waren in jener Zeit vor allem deutsche Obdachlose, sogenannte Land- oder Stadtstreicher, untergebracht. Einer der evangelischen Pfarrer, zu dessen Bezirk auch das Übergangswohnheim gehörte, sprach meinen Mann und mich eines Tages an.

»Es sollte etwas geschehen für die Obdachlosen und Gastarbeiter, die in diesem Heim wohnen.« Er wandte sich direkt an mich: »Frau Sauter-Dreisbach, haben Sie nicht früher in einer ähnlichen Arbeit gestanden, in der man sich speziell für solche eingesetzt hat, die im Schatten der Gesellschaft leben? Ich meine, davon etwas in Ihrer Autobiographie gelesen zu haben. Mir ist der Gedanke gekommen, ob Sie mit Ihrem Mann nicht dann und wann in diesem Übergangsheim für die Männer einen Abend gestalten könnten.«

Wir blickten uns fragend an. Könnte nicht auch das ein Auftrag Gottes sein? Wir erklärten uns bereit, zuerst einmal einen Lichtbilderabend für diese Männer anzubieten. Der Pfarrer nahm unser Angebot dankend an und versprach, einen Diakon zu diesem Abend zu senden, der sich später dann selbst um die obdachlosen und zum Teil gestrandeten Männer kümmern sollte.

Zuerst suchten wir das Hausmeisterehepaar auf und besprachen mit ihm unser Vorhaben. Das Ehepaar versprach, die Leute dazu einzuladen. An dem festgesetzten Termin waren wir früh genug dort und gingen von Zimmer zu Zimmer, um uns vorher mit den Leuten bekannt zu machen und sie zur Teilnahme an diesem Abend zu ermuntern. Verständigungsschwierigkeiten gab es nicht, denn es waren ja fast alles Deutsche.

Wenn wir aber geglaubt hatten, auf freudige Zustimmung

zu stoßen, irrten wir uns sehr. Verschiedene Männer lagen am hellen Tage mit ihren Kleidern im Bett, manche hatten sogar die Schuhe anbehalten. Einige von ihnen waren total betrunken und überhaupt nicht ansprechbar. Andere hingen auf ihren Stühlen am Tisch, auf dem offene Bierflaschen standen. Wir konnten uns des Eindrucks nicht erwehren, daß sie den ganzen Jammer ihres Daseins im Alkohol ertränken wollten. Trotzdem versuchten wir, in ein Gespräch zu kommen und luden sie zum Abend ein. Einige waren völlig ablehnend, andere schienen belustigt zu sein. Lallend wiederholte einer: »Licht-bil-der? Wenn es noch Fernsehen wäre, irgendein prickelnder Film! Was zei-gen Sie denn für Bil-der?«

»Schöne Aufnahmen von Tirol!«

»Tirol? Haben Sie eine Ahnung, wie wir in der Welt herumgekommen sind und was wir schon alles gesehen haben! Na, vielleicht kommen wir doch! Ist halt 'ne kleine Abwechslung. Ob wir hier sitzen und saufen oder dort zuschauen, ist ja schließlich doch alles egal!«

Hatte es überhaupt einen Sinn, noch weiter einzuladen? Aber es war ein Auftrag. Wir durften uns ihm nicht entziehen und gingen weiter von Zimmer zu Zimmer.

Sieben Personen waren wir an diesem Abend, vier Obdachlose, der vom Pfarrer gesandte Diakon, mein Mann und ich. Vielleicht mochten die Männer unseren Wunsch spüren, ihnen nicht nur zu einer Abwechslung in ihrem grauen Alltag zu verhelfen, sondern ihnen auch eine kleine Freude zu bereiten. Sie waren jedenfalls aufmerksam, und keiner versuchte zu stören. Wir aber verließen irgendwie bedrückt das Haus. War das, was wir bei diesen Männern gesehen und erlebt hatten, überhaupt noch Leben zu nennen? Sie alle besaßen kein Zuhause, lebten entweder von Arbeitslosenunterstützung oder von Almosen. Manche von ihnen suchten in jeder Stadt, in die sie kamen, sämtliche Sozialeinrichtungen und Pfarrhäuser auf, um ihr geringes Einkommen ein wenig aufzubessern. In katholischen Pfarrhäusern gaben sie sich als katholisch aus, in evangelischen Pfarrhäusern nannten sie sich evangelisch. Der größte Teil des Geldes, das sie erbettelten, wurde in Alkohol umgesetzt. Was für ein Ziel hatten sie? Wo endete ihr Leben?

Der Pfarrer hatte recht, der Umgang mit solchen Menschen war mir nicht unbekannt. In den Jahren meines Dienstes in der Heilsarmee in verschiedenen Großstädten hatte ich viel mit Heimatlosen, mit Gefangenen und mit Straßenmädchen zu tun gehabt. Ich höre einige meiner Leser sagen: »Na ja, dann waren Sie so etwas ja gewöhnt.« Kann man sich wirklich daran gewöhnen, zu sehen, wie der Mensch – einst zum Ebenbild Gottes erschaffen – immer tiefer hinabsinkt und schließlich nur noch dahinvegetiert? Wehe, wenn der Anblick solcher Gestrandeten uns zur Gewöhnung wird und in uns nicht mehr das Bedürfnis zu helfen hervorruft.

Noch einmal zurück zu unserem Lichtbilderabend. Meinem Mann und mir bedeuteten die Aufnahmen aus Tirol natürlich mehr, als wir es den anwesenden Männern sagen konnten. – Längere Zeit hatte ich wegen meines Herzens im Krankenhaus gelegen. Hinter uns lagen so schwere Tage und Nächte, daß wir fast nicht mehr zu hoffen wagten, noch einmal miteinander in Urlaub fahren zu können. Dann wurde es uns doch noch geschenkt. Es kam uns wie ein Wunder vor. Wir fuhren nach Tirol in das Tannheimer Tal und erlebten dort so schöne und beglückende Urlaubstage wie kaum vorher. Wahrscheinlich bewegten uns die Naturschönheiten und die ganze Atmosphäre jener Tage deshalb so stark, weil wir gerade die Zeit im Krankenhaus hinter uns hatten und jede Stunde des gemeinsamen Erlebens wie ein Geschenk aus Gottes Hand war. Während wir im Auto fuhren, formten sich in mir fast ganz von selbst aus großer Dankbarkeit Verse zu einem kleinen Lied und zu einer Melodie. Mein Mann nahm, wieder zu Hause angekommen, Verse, Lied und Reisebeschreibungen zu den verschiedenen Dias mit seinem Recorder auf, so daß wir bis zum heutigen

Tag bereits viele Gäste des Berghauses an diesem Ferienerlebnis teilnehmen lassen konnten.

Ob unsere wenigen Obdachlosen an jenem Abend aufnahmefähig genug waren, um in sich zu bewegen, was wir ihnen durch das kleine Ferienlied sagen wollten?

Berge, Täler, grüne Matten,
Bächlein, Flüsse, klare Seen.
Wechselnd Bild von Licht und Schatten.
Großer Gott, wie ist die Welt so schön!

Blauer Himmel, junger Morgen,
Sonnenschein auf lichten Höh'n.
Ich vergesse meine Sorgen,
will nur dankbar Gottes Güte seh'n.

Naht sich auch der Alltag wieder
und der Pflichten steter Kreis.
Ich sing dennoch meine Lieder,
weil von Gottes Vaterhuld ich weiß.

Wußten diese Männer irgend etwas von Gottes Vaterhuld? Wußten sie noch etwas »von der Pflichten stetem Kreis«, durch deren Erfüllung das Herz froh und das Leben sinnvoll wird?

Mitten in unserer Stadt saß eines Tages ein verkommen aussehender Mann auf den Treppenstufen der Kreissparkasse. Er hatte sich ein Schild umgehängt, auf dem zu lesen war: »Alle wollen leben, ich auch!« Neben ihm lag ein verbeulter Hut. Die Vorübergehenden verstanden, daß dieser Obdachlose »milde Gaben« erwartete. Manche holten bereits ihren Geldbeutel hervor. Aber längst nicht alle gaben etwas, als sie die halbgeleerte Bierflasche neben dem Hut stehen sahen.

Alle wollen leben, ich auch! War das noch Leben zu nennen? Ähnliche Gedanken bewegten uns, als wir das Übergangswohnheim am Abend verließen. Landstreicher, Tippelbrüder, Stadtstreicher, Brüder der Landstraße, so nennt man sie. Im Grunde genommen geht es hier um tief zu bedauernde Männer, irgendwie aus der Bahn geworfen, irgendwann unter verderblichen Einfluß geraten. Zum Teil haben sie eine trostlose Kindheit erlebt und wohl nie ein gutes Vorbild gehabt.

Wieder höre ich den Einwand einiger meiner Leser: »Viele wollen sich auch nicht helfen lassen.« Sie mögen recht haben, aber entbindet uns diese Tatsache von unserer Christenpflicht, ihnen zu helfen, wenigstens den Versuch zu machen?

Ich denke an jenen Mann, der mit seinem Bündel unter dem Arm durch die Straßen einer Kleinstadt schwankte. Immer wieder betrat er ein Geschäft, um zu betteln. Manche wiesen ihn, weil er so verkommen aussah, mit harten Worten ab. Andere steckten ihm ein Geldstück zu, um ihn, dessen Kleider so widerlich rochen, schnell wieder los zu sein. Ein Gastwirt, dessen Wirtschaft er ebenfalls in der Hoffnung betrat, von ihm ein Almosen zu erhalten, warf ihn mit empörten Worten kurzerhand aus dem Lokal. Der Mann mußte wohl ein Blasenleiden haben, jedenfalls konnte er das Wasser nicht mehr halten. Aber wie war es möglich, ihm zu helfen? Er hätte zur Behandlung in ein Krankenhaus gehört.

Mein Mann und ich, die wir nur auf der Durchfahrt in jener Stadt waren, wurden den Gedanken an diesen bedauernswerten Menschen nicht los. Auf der Rückfahrt quälten uns die Erwägungen, ob wir uns nicht um ihn hätten kümmern müssen und ihm einen Platz im Krankenhaus besorgen sollen. Aber ohne Einweisung durch einen Arzt wäre das nicht möglich gewesen. Und ob er sich überhaupt hätte überreden lassen, ein Krankenhaus aufzusuchen?

Immer wieder werden wir an irgendeinem Menschen schuldig. Die Erkenntnis unserer eigenen Hilfs- und Machtlosigkeit löst in uns oft tiefe Traurigkeit aus, manches Mal sogar Verzweiflung. Dann müssen wir uns erneut vor Gott beugen und ihn bitten: »Herr, laß mich doch nicht immer aufs neue an einem Menschen schuldig werden, indem ich mich lieblos von ihm abwende, anstatt wenigstens den Versuch zu machen, ihm zu helfen.«

Oft kann schon ein einziges gütiges Wort Wunder wirken. Ich weiß von einem erschütternden Fall, wo das Fehlen eines solchen Wortes einen vereinsamten Mann in den Selbstmord getrieben hat.

Monate nach dem erwähnten Lichtbilderabend lebten unsere Erythräer in dem Übergangswohnheim. Uns war klar, auf die Dauer war dies keine Bleibe für sie. Der Leiter des Ordnungsamtes, ein verständiger, um seine Schützlinge besorgter Mann, sprach mit uns. »Die Frau kann unmöglich unter all diesen Männern in dem Heim bleiben. Sie kennen hier doch so viele Menschen. Vielleicht ist es Ihnen möglich, für die junge Frau aus Erythräa mit ihren beiden Kindern eine Wohnung zu finden.«

Angeregt durch diese Fragen begannen mein Mann und ich, die Annoncen in der Zeitung zu studieren. Tatsächlich, es wurden etliche kleine Wohnungen angeboten, auch solche, deren Miete nicht unerschwinglich war. Elsa lebte ja von der Sozialfürsorge. Wir telefonierten, schrieben, suchten mit ihr und den Kindern angebotene Wohnungen auf. Das ging so wochenlang. Aber was wir erlebten, war einfach niederschmetternd. »Asylanten? Nein, unter keinen Umständen!«

»Ja, die Wohnung ist frei. Sie können sie besichtigen.« Wieder machten wir uns auf den Weg. Aber wenn man Elsa und die Kinder mit ihrer braunen Hautfarbe sah, die übrigens immer sauber und ordentlich gekleidet waren, hieß es: »Ich bedaure, die Wohnung ist heute morgen vergeben worden.«

Endlich schienen wir Erfolg zu haben: »Ja, ich bin bereit, diese Frau mit ihren Kindern aufzunehmen. Ich werde ihr sogar ein Bett mit Matratzen und sonstigem Zubehör schenken.«

Wir atmeten auf. Der Einzugstermin wurde festgelegt. Und dann plötzlich eine Absage: »Die Nachbarn sind der

Meinung: So etwas nimmt man doch nicht in seinem Hause auf.«

Aufs neue begannen wir zu suchen, zu telefonieren, herumzufragen. Nichts geschah. Einmal war ich besonders entmutigt, ja zutiefst betroffen. Ich hatte telefonisch mit einer Geschäftsfrau zu tun. Sie besaß einen großen Bekanntenkreis. Vielleicht konnte sie mir irgendwie raten. Kaum aber hatte ich mein Anliegen vorgebracht, fuhr sie mich erregt an: »Hören Sie auf, ich will nichts davon wissen. Diese vielen Asylanten sind noch unser Untergang. Die erfinden allerlei Gründe, um bei uns Aufnahme zu finden und auf bequeme Weise versorgt zu werden. Wir aber müssen dafür blechen. Nein, für diese Leute habe ich nicht das Geringste übrig.«

Mir tat das Herz weh! Gewiß, es gab bestimmt auch solche, die nach Deutschland gekommen waren, weil sie sich hier ein bequemes Leben erhofften. Aber so waren doch nicht alle. Wie viele von ihnen litten unter Heimweh und wären lieber heute als morgen zu ihren Angehörigen zurückgekehrt, wenn sie dazu nur eine Möglichkeit gesehen hätten. Aber die damit zusammenhängende Gefährdung ihres Lebens im Heimatland ist ein zu großes Risiko für sie.

Was mich besonders bedrückte war, daß diese Geschäftsfrau, die ich persönlich gut kannte und auch schätzte, sich Christ nannte. Ob ihr das Wort der Bibel nicht bekannt war? »Die Fremdlinge sollst du nicht bedrängen und bedrücken« (2. Mose 22, 20) oder das andere Wort: »Der Herr hat die Fremdlinge lieb...« (5. Mose 10, 18).

Waren nicht viele unter uns vor Jahren auch heimatlose Flüchtlinge? Manch einer hat mir erzählt, daß er für ein Stück Brot, für jeden kühlen oder warmen Trunk auf der Flucht unendlich dankbar war. Ich brauche nur an die Erlebnisse vieler meiner Kinder zu denken, denen ich in meinem Flüchtlingskinderheim eine Heimat zu bieten versuchte. Haben wir diese Zeiten total vergessen?

Einmal war ich richtig verzagt, weil sich trotz aller Bemühungen keine Tür für unsere Erythräer auftun wollte. Ich hatte nicht die Geduld verloren, aber ich war eben keine fünfzig oder sechzig Jahre mehr. An Unternehmungsgeist fehlte es mir noch nicht, und das Erbarmen mit unseren Schützlingen war nicht geringer geworden. Aber die körperliche Spannkraft ließ bei mir, der Achtzigjährigen, einfach nach.

Meinem Mann und mir war es möglich gewesen, einen kleinen Freundeskreis zu gewinnen, der sich mühte, eine, wenn auch bescheidene, so doch menschenwürdige Wohnung zu finden. Noch einige Male wurde uns ein Angebot gemacht. Wir gingen, um die Wohnung zu besichtigen. Mit trostlosen Augen stand Elsa mit ihren Kindern auf dem schmutzigen, verwahrlosten Hof. Hier sollte ihre Bleibe sein? Die Wohnung lag an einer belebten Straße. Ein Auto nach dem andern raste an dem Haus vorüber. Ich versuchte, mir vorzustellen, wie die beiden Jungen unbeschadet die Straße überqueren konnten, um zur Schule, in den Kindergarten oder in den nahe gelegenen Park zu gelangen!

Kopfschüttelnd stand Jonas am Randstein. »Hier kann Henok nicht sein«, sagte er. »Viel zu gefährlich!«

Um eine Enttäuschung reicher brachten wir Elsa und ihre Kinder wieder zurück ins Übergangswohnheim.

Aber endlich hatten sie eine Wohnung in einem schönen Stadtviertel bekommen. Vor jedem Haus dieser Straße stand ein Birkenbaum oder zierten Sträucher und Blumen die Vorgärten. Ich suchte einige Mitbewohner des Hauses auf, in dem unsere drei eine Wohnung erhalten hatten, und stellte Elsa mit ihren Kindern vor. Nun ist sie schon mehr als ein halbes Jahr dort. Zwischen ihr und den anderen Hausbewohnern besteht ein ausgezeichnetes Verhältnis. Elsas Ordnungsliebe und Sauberkeit sowie ihre höfliche, zurückhaltende Art hat ihr den Zugang zu allen erleichtert.

Wenn ich sie frage: »Elsa, geht es gut mit den Bewohnern im Hause?« erwidert sie strahlend: »Ja, Omi, alles schöne Leute, sehr schöne Leute!«

»Du meinst gute Leute«, korrigiere ich sie.

»O ja, gute Leute!« Und deute ich dann auf ihr Gesicht oder auf die Gesichter ihrer Kinder, begreift sie es gut, wenn ich erkläre: »Das Gesicht ist schön«, und dann zeige ich auf die Stelle, wo ihr Herz zu suchen ist, und sage: »Hier gut! Innen gut! Außen schön!«

Als ich eines Tages wieder einmal krank geworden war, konnten wir Elsa und die Kinder eine Zeitlang nicht ins Berghaus holen. Als mein Mann ihr das klarzumachen versuchte, weinte sie laut und herzzerbrechend. Die Nachbarin, eine mütterliche alte Frau, hörte ihren Jammer und eilte zu ihr in die Wohnung: »Frau Habte, was ist denn passiert?« fragte sie erschrocken.

Da bekam sie unter Schluchzen die Antwort: »Omi krank. Omi krank!«

Nach einigen Tagen baten wir ein befreundetes Ehepaar, das sich ebenfalls um unsere Erythräer kümmerte, Elsa und ihre Kinder mit ihrem Wagen zu uns auf den Berg zu bringen. Mein Mann wollte mich nicht allein lassen. So geschah es dann auch. Die beiden sonst sehr lebhaften Buben setzten sich mucksmäuschenstill in unser Wohnzimmer und wagten kaum, sich zu rühren. Weil sie uns leid taten, holte mein Mann sie wenigstens für einige Augenblicke an mein Bett. Danach kam Elsa zu mir ins Schlafzimmer und brach aufs neue in verzweifeltes Weinen aus: »Omi krank! Omi krank!« Ich redete ihr gut zu und sagte, daß ich glaube, bald wieder gesund zu werden.

Und dann geschah es, daß Elsa an meinem Bett niederkniete, ihr verweintes Gesicht in ihren Händen barg und für mich betete, Gott möge mich doch wieder gesund machen. Kaum jemals vorher hat mich ein Gebet so sehr bewegt wie dieses der Asylantin, das aus einem schmerzerfüllten, kindlich gläubigen Herzen kam.

Daß ein uns bekannter Möbelhändler sich bereiterklärte, Elsa und ihren Kindern eine, wenn auch nicht neue, so doch gut erhaltene Couchgarnitur zu schenken, und daß alles übrige, was benötigt wurde, Stück für Stück durch die Hilfe von Freunden zusammenkam, soll hier nicht unerwähnt bleiben. Das ist für Gott ein Geringes. Er bringt uns zwar das Nötige nicht ins Haus, aber er bewegt die Herzen der Menschen, daß diese willig und freudig Opfer bringen und dabei erkennen: Geben ist seliger als Nehmen.

Wie es mit Elsa weitergehen wird? Sie hat bis zum heutigen Tag weder Nachricht von irgendeinem ihrer Angehörigen noch ist sie im Besitz der Anerkennung als Asylantin. So etwas dauert oft viele Monate. Unser tägliches Gebet ist es, daß Gott ihr, die so viel Schweres erlebt hat, hier eine bleibende Heimat schenken möge.

Immer wieder wurde ich gefragt: »Wie lautet der Titel des Buches, an dem Sie jetzt schreiben?«

Ich habe meine Leser wissen lassen, daß ich längere Zeit im Unklaren darüber war. Zunächst hatte ich ja gedacht: »Freuen müßte man sich können!« Mir war aber inzwischen klar geworden, daß dieser Titel, so viel darüber zu sagen wäre, letztlich negativ klingen könnte. Und dann kam der zweite Vorschlag: »Fröhlich unser Leben lang!« Ich meinte, das sei ebenfalls nicht richtig ausgedrückt. Eines Tages besuchte mich dann der neue Verlagsdirektor und brachte einen weiteren Vorschlag mit. Im gleichen Augenblick war mir klar: »Ja, das ist der richtige Titel. So wollte ich das neue Buch nennen. Je mehr ich darüber nachdachte, desto mehr Zugang bekam ich zu diesem Titel. »... aber die Freude bleibt«.

Also doch Freude? Hatten wir nicht vorher festgestellt, daß wir denen, deren Leben oft so trost- und freudlos ist, das Wort Freude kaum zumuten können? Ungezählte Menschen sehnen sich nach Freude. Darum: »... aber die Freude bleibt«. »Bleibt« – also muß sie einmal vorhanden sein. In Philipper 4 lesen wir: »Freuet euch in dem Herrn allewege, und abermals sage ich euch: Freuet euch!« Paulus hütet sich zu sagen: »Freuet euch an eurem Geld, an eurem Besitz, an eurem Erfolg.« Er weiß, wie nichtig das alles ist. Wir Menschen unserer Generation, die zweimal eine völlige Geldentwertung erlebt haben und plötzlich vor einem Nichts standen, wissen, daß die Freude an irdischen Gütern sehr kurz sein kann. Paulus sagt auch nicht: »Freuet euch an euren Familien, an euren Kindern!« So glücklich man darüber sein kann, so bitter sind andererseits Enttäuschungen, die wir mit ihnen erleben können.

Alle diese Freuden sind nicht von Dauer, aber die Freude am Herrn ist unsere Stärke und wird bleiben, wenn wir sie wie eine Kostbarkeit zu hüten wissen. Sie ist wie ein Licht, das wir mit unsern Händen umgeben, um es vor dem Verlöschen durch einen Luftzug zu schützen. Ja, weil ich es weiß und erfahren habe – und ungezählte Menschen mit mir –, muß ich es weitersagen: »... aber die Freude bleibt«. Im Buch Jesaja ist zu lesen: »Du wirst fröhlich sein über den Herrn.« Diese Freude entsteht nicht durch erfüllte Wünsche. Sie ist nicht zu denken ohne unser persönliches Verhältnis zu Christus.

Ich hoffe, es gelingt mir, meine Leser für diese Freude zu erwärmen. Aber mir ist auch klar, daß man sie nicht so einfach annehmen oder bejahen kann, sie muß erlebt werden. Alle, die aus dem Evangelium leben, werden dies bestätigen können. Aber mir ist sehr wichtig, auch solche zu erreichen, die bisher keinen Zugang zu diesen biblischen Aussagen hatten. Gerade hier liegt der missionarische Auftrag meiner Bücher, durch die ich nicht nur unterhalten, sondern bleibende Werte vermitteln möchte.

Bei vielen liegt der Grund für den mangelnden Zugang zum Wort Gottes nicht darin, daß sie nicht wollen, sondern – man möge mir diese Feststellung abnehmen – in ihrer Unwissenheit. Ich meine Protest zu vernehmen: »Wieso Unwissenheit? Hat man nicht jeden Sonntag Gelegenheit, einen Gottesdienst zu besuchen, in dem biblische Wahrheiten verkündigt werden?«

Meine Antwort darauf lautet: Ja und nein! Gott sei Dank,

es gibt auch heute noch Pfarrer und Pastoren, die als lebendige Christen von der Wahrheit der göttlichen Botschaft überzeugt sind und darum das Evangelium verkündigen. Es ist jedoch kein Geheimnis, wenn ich sage: Es gibt auch andere. Allen wahren Christen muß es ein ernstes Anliegen sein, dafür zu beten, daß Gott immer wieder Männer und Frauen als Zeugen in seinen Dienst ruft, die sich der großen Verantwortung bewußt sind, die Botschaft des göttlichen Heils zu verkündigen.

Um zu der Freude zu gelangen, die zur Kraft wird, muß man sich Jesus Christus öffnen, der von sich gesagt hat, er sei der Weg zur bleibenden Freude, der Weg zum wahren Leben, der Weg zur Seligkeit.

Nur dem, der die Bibel, vor allem das Neue Testament, kennenlernt, wird es klar, was er zu tun hat, um zu dieser Freude zu gelangen. »Suchet in der Schrift, denn sie ist es, die von mir zeuget«, sagt Jesus. Ich möchte von einigen Menschen erzählen, die nicht nur selbst zu dieser Freude gefunden, sondern auch anderen dazu verholfen haben.

Da ist zum Beispiel der Briefträger, der eines Tages mit seiner Frau als Gast ins Berghaus St. Michael kam. Dieser Mann übte früher einen anderen Beruf aus. Er bekam von seinem Arzt den dringenden Rat, sich umschulen zu lassen. Ich weiß nicht genau, welcher Art seine Beschäftigung vorher war. Ich meine, er hatte zu wenig Bewegung in frischer Luft. Nur ungern entschloß er sich, Briefträger zu werden. Aber er war Christ und wollte, daß Gott als Herr seines Lebens auch in den alltäglichen Belangen über ihn bestimmen sollte. Er betete: »Zeige mir, Herr, meinen Weg und deinen Willen für die Zukunft.« So wurde er also Briefträger, und wenn schon, dann wollte er auch ein guter Briefträger sein. Er nahm sich vor, nicht nur ein Briefbote, sondern auch ein Bote Gottes zu sein.

Da war zum Beispiel eine alte Frau, die jeden Tag im Gärtchen vor ihrem Haus stand und auf ihn, den Briefträger, wartete. Nur ganz selten bekam sie Post. Es tat ihm jedesmal leid, wenn er wieder sagen mußte: »Auch heute wieder nichts.« Aber die alte Frau hatte längst aufgehört, auf Post zu warten. Kam wirklich einmal eine Postkarte oder gar ein Brief, dann nahm sie ihn mit Überraschung entgegen. In Wirklichkeit aber wartete sie auf den Briefträger, den freundlichen Mann, der nie an ihrem Haus vorüberging, ohne sich nach ihrem Ergehen zu erkundigen oder sie aufzumuntern. Er bewunderte dann die schönen Blumen im kleinen Vorgarten, in dem sie bei gutem Wetter stets auf ihn wartete, oder sprach ihr Mut zu, wenn sie einmal fast verschämt klagte, daß es ihr heute gar nicht gut gehe, oder wenn sie ihm besorgt mitteilte, daß ihr Kanarienvogel beinahe aus dem Fenster geflogen wäre. Im letzten Augenblick hätte sie es noch verhüten können. Immer nahm der Briefträger die alte Frau mit ihrem Anliegen ernst und verließ sie nie ohne ein mutmachendes Wort. Das war längst nicht immer ein Wort der Bibel, aber seine Gesinnung war biblisch, und das spürte die alte Frau und dankte es ihm wortlos. Ob er wohl ahnte, daß die allmorgendliche Begegnung mit ihm, dem Briefträger, wie ein Licht den oft dunklen Tag dieser Frau erhellte, und wie sehr sie davon zehrte? An manchen Tagen war es für sie die einzige Möglichkeit, mit einem Menschen zu sprechen.

Oder da war noch ein anderes Haus, in dem man den Briefträger täglich sehnlichst erwartete. Ein älterer Zahnarzt, herzleidend und nicht mehr fähig, seinem Beruf nachzugehen, schaute jeden Morgen auf die Uhr, ob es noch nicht Zeit für das Kommen des Briefträgers sei, dem er täglich eine Tasse Kaffee anbot. Der durfte nicht zu heiß sein, damit der Briefträger ihn sofort trinken konnte, denn seine Zeit war bemessen. Aber es war meist möglich, mit diesem Mann einen kurzen Gedankenaustausch zu haben. Und so ergab sich manches Gespräch, aus dem der Zahnarzt, der im Grunde seines Herzens ein einsamer Mann war, Trost und Ermutigung schöpfen konnte. Er war zwar verheiratet und lebte in einem schönen, gepflegten Haus, umgeben von auserlesenen Möbeln, wertvollen Bildern und kostbaren Teppichen. Aber was ihn umgab, war eine kalte Pracht, denn zwischen den Eheleuten bestand keine Herzlichkeit oder Zuneigung. Die Frau des Hauses ließ den Briefträger merken, daß sie es nicht gerne sah und es nur unwillig duldete, daß ihr Mann an jedem Morgen eine Tasse Kaffee für ihn bereithielt.

Eines Tages sagte der Zahnarzt in einem Anflug von Bitterkeit: »Gestern hat meine Frau mir heftige Vorwürfe gemacht, daß ich Ihnen einen ihrer silbernen Teelöffel auf die Untertasse gelegt habe. Außerdem hätten Sie Schmutz von der Straße auf ihren wertvollen Teppich getragen.«

Dem Briefträger war das natürlich peinlich. Er antwortete: »Ich kann selbstverständlich davon absehen, Ihnen die Post ins Haus zu bringen. Ich werde sie in Zukunft in den Briefkasten werfen.«

»Das dürfen Sie mir nicht antun«, erregte sich der Zahnarzt. »Und das lasse ich mir auch nicht nehmen, Ihnen am Morgen eine Tasse Kaffee anzubieten. Dann hole ich mir eben aus der Küche einen Aluminiumlöffel. Das wäre ja noch schöner, wenn –« Er vollendete den Satz nicht. Eine entsprechende Handbewegung sagte alles.

»Nehmen Sie es nicht so tragisch«, beruhigte ihn der Briefträger. »Vielleicht meint es Ihre Frau nicht so böse, wie es manchmal klingt. Hier habe ich noch ein Traktat für Sie. Es wird Sie ermuntern, wenn Sie es lesen.«

»Ich danke Ihnen«, erwiderte der Zahnarzt. »Sie ahnen nicht, wie gut es mir tut, mit Ihnen zu reden.«

Der Briefträger verließ das Haus und eilte dem nächsten Ziel zu. Ach, könnte er doch dem trotz seiner schönen Umgebung so einsamem Mann etwas Freude vermitteln! Wie gut, daß er für ihn und so manchen anderen, dem er auf seiner Tagestour begegnete, beten konnte.

Eines Tages, als der Postbote wieder das Haus des Zahnarztes betreten wollte, öffnete ihm die Frau die Tür. Dem

Briefträger fiel sofort auf, wie bleich sie aussah. »Mein Mann ist heute nacht gestorben«, sagte sie mit fast tonloser Stimme. Es war unverkennbar, wie todunglücklich sie war. »Er ist seinem Herzleiden erlegen.« Sie öffnete die Haustür weiter. »Aber kommen Sie doch bitte herein.«

»Es hat geregnet, und es ist draußen sehr schmutzig. Ich möchte lieber nicht eintreten.« Irrte er sich – oder war sie bei seinen Worten peinlich errötet? Aber sie wiederholte ihre Bitte. »Kommen Sie wenigstens für ein paar Minuten. Ich möchte Ihnen Näheres über das Sterben meines Mannes erzählen. Es ging alles so unglaublich schnell.« Es fiel der Frau sichtlich schwer, weiterzusprechen.

»Mein Mann hat Sie immer gern gehabt.«

Dann saß der Briefträger im Salon der Frau des Hauses gegenüber.

Nachdenklich ging er später mit seinen Postsachen weiter. Also war er gestern zum letzten Mal bei seinem Freund, dem Zahnarzt, gewesen. Wer hätte das gedacht! Als er beim nächsten Mal nach der Beerdigung die vielen Kondolenzbriefe in das Trauerhaus trug, wartete die Witwe des Verstorbenen schon auf sein Kommen. Etwas verlegen fragte sie ihn: »Darf ich Ihnen heute anstelle meines Mannes einen Kaffee anbieten?«

Ich kann nicht mit Sicherheit sagen, ob der Postbote nach all den vorausgegangenen Erfahrungen das Angebot angenommen hat. Aber soviel ist sicher: Sein unaufdringlich freundliches Verhalten ihrem Mann gegenüber hatte die Frau schließlich doch zum Nachdenken gebracht.

Und dann war da noch die Geschichte mit dem Hund. Es war nur ein kleiner Hund, ein Dackel; von seinen Besitzern viel zu gut gefüttert, denn er war ziemlich rundlich. Aber seine Korpulenz hinderte ihn nicht daran, sich manchmal wie ein Rasender zu gebärden.

Die kleinen Buben und Mädchen, die aus dem Kindergarten kamen, machten möglichst einen großen Bogen um das Haus, immer in Angst, er könne im Vorgarten sein und ihnen mit seinem wütenden Gebell doch noch zu nahe kommen.

Einmal hatte seine Besitzerin, eine ältere Frau, nicht schnell genug die Gartentür geschlossen. Der Dackel raste hinaus und verfolgte die schreienden Kinder »rachedurstig«. Was hatten die in seinem Revier zu suchen? Unweigerlich hätte er sie, zumindest einen von ihnen, gebissen, wenn nicht ein größerer Junge zur Hilfe herbeigeeilt wäre. Der Dackel versuchte zwar, auch ihn anzugreifen, bekam aber, ehe er sein Hosenbein zerreissen konnte, von diesem Jungen einen derben Tritt, so, daß er jaulend und mit eingezogenem Schwanz zurück durch die offene Gartentür rannte. Dort wurde er von seinem Frauchen mitleidig und zugleich empört wegen der harten Abwehr des großen Jungen empfangen. »Komm her, du armer, armer Waldi! Hat der böse Junge dir sehr weh getan?« In den Armen der Frau fand der scheinbar ungerecht behandelte Dackel Trost und Beruhigung. Ein Wurstzipfel, mit dem der Ehemann, der die Tragödie vom Fenster aus beobachtet hatte, als Trostpflästerlein herbeieilte, tat ein übriges.

Am nächsten Tag ging das gleiche Theater wieder los. Die kleinen Kinder flüchteten schreiend vor dem Hund, der jedoch den Garten nicht verlassen konnte, weil seine Herrin sich hütete, die Tür unverschlossen zu lassen. Statt dessen raste der Dackel innerhalb des Gartens wie ein Wilder am Zaun entlang. Größere Kinder warfen heimlich Steine über den Gartenzaun nach ihm, was ihn nur noch rasender machte. Auch die früheren Briefträger hatten zum Teil schon üble Erfahrungen mit diesem rabiaten Tier gemacht. Einer hatte sogar eine zerrissene Hose zu beklagen. Zwar wurde ihm der Schaden ersetzt, aber jeden Tag war das Ehepaar in Sorge, wenn es Zeit für den Postboten war.

Nun muß man wissen, daß die beiden alten Leute weder einen Sohn noch eine Tochter gehabt hatten. Darum nahm Waldi seit Jahren bei ihnen sozusagen die Stelle eines eigenen Kindes ein.

»Bitte werfen Sie die Post immer direkt in den Briefkasten«, bat die Frau den Briefträger, »es sei denn, daß Sie einen Einschreibebrief oder ein anderes Schriftstück für uns hätten, das unsere Unterschrift erforderlich macht. Dann klingeln Sie bitte dreimal, damit wir wissen, daß Sie es sind. Wir können dann unsern Waldi einsperren.«

So wurde unser Postbote auch informiert.

Er hatte den Hund noch nie gesehen, denn er wurde ja vor ihm eingesperrt. Aber die Sache behagte dem neuen Briefträger keinesfalls. Es muß doch möglich sein, dachte er, das Vertrauen eines so kleinen Köters zu gewinnen. Von da an versuchte er immer, Waldi durch die verschlossene Haustür anzusprechen, wenn er Post zu bringen hatte. Anfangs bellte dieser empört über die Unverschämtheit des Mannes, der es wagte, ihn mit Namen zu nennen und so zu tun, als kenne er ihn. Aber der Briefträger ließ sich nicht beirren. Immer wieder sprach er freundlich auf ihn ein, auch ohne ihn zu sehen: »Waldi, was bist du für ein schöner Hund! – Und was hast du für eine melodische Stimme! – Warte nur, wir werden miteinander Freundschaft schließen.«

Eines Tages geschah es, daß Waldi wieder einmal im Vorgarten war. Kaum näherte sich der Briefträger dem Haus, raste der Hund wie verrückt kläffend innen am Gartenzaun entlang. Seine Stimme überschlug sich fast vor Wut. Beim besten Willen vermochte der Briefträger dieses Gekläff heute nicht melodisch zu nennen.

»Lassen Sie ihn nur«, bat er die Besitzerin des Hundes. »Über den Zaun kann er ja nicht, und die Gartentür ist geschlossen. Vielleicht ist es gut, wenn Sie ihn um die Zeit meines Kommens im Vorgarten lassen und nicht im Haus einsperren. Irgendwie müssen wir uns ja einmal kennenlernen.«

Am nächsten Tag brachte er ein paar Kalbsknöchlein vom vorhergehenden Tag mit und warf sie über den Gartenzaun dem Hund zu, natürlich mit Frauchens Erlaubnis. Die täglich freundlichen Worte des Briefträgers sowie von Zeit zu Zeit ein kleines Mitbringsel aus der Küche seiner Ehefrau änderten die Situation. Waldi gehörte mit der Zeit auch zu der Kundschaft, die es nicht erwarten konnte, daß der Briefträger kam. Schwanzwedelnd und voller Wiedersehensfreude stand er hinter dem Gartentor, an dem er bettelnd hochsprang, wenn sich der Postbote näherte.

Eines Tages war es dann soweit, zwar nicht ohne Bangen des alten Ehepaars, aber doch in einer gewissen freudigen Erwartung: Waldis Frauchen öffnete das Gartentor und ließ den Hund hinaus. Der Dackel sprang an unserm Briefträger empor, leckte ihm die Hände, ließ sich von ihm kraulen und jammerte, als er weiterging. Der alte Herr aber lehnte im offenen Küchenfenster und tat, als hätte er nichts anderes erwartet: »Habe ich es nicht immer gesagt? Warum so lange diese Hundskommödie?«

Sie aber widersprach ihm energisch: »Du weißt genau, daß es bisher kein Mensch fertiggebracht hat, unsern Waldi für sich zu gewinnen. Unbegreiflicherweise ist es dem neuen Briefträger gelungen.«

Ob man es glaubt oder nicht, Waldi freute sich jedesmal, wenn er dessen Stimme hörte. Und vor lauter Freude hinterließ er kleine Bächlein im Hausflur. Allein dies war schon Grund genug, daß er jeweils um diese Zeit in den Vorgarten hinaus durfte. Es kam schließlich so weit, daß Waldi den Postboten ein Stück weit begleitete, wenn er Post brachte, aber immer nur bis zur nächsten Straßenecke. Dann kehrte er zurück und lief schwanzwedelnd zu seinem Herrchen und dessen Ehefrau.

»Was soll eigentlich diese Hundegeschichte zwischen den menschlichen Schicksalen in Ihrem Buch?« mag mich manch ein Leser jetzt fragen. Meine Antwort: Das hat verschiedene Gründe: Erstens habe ich mich über die Erlebnisse des Briefträgers, der sie mir so nett und natürlich erzählte, gefreut. Er hat es natürlich sachlicher getan. Aber als Schriftstellerin liest man zwischen den Zeilen und nimmt auch Unausgesprochenes wahr. So habe ich die Geschichte von dem Dackel, der den Postboten zuerst am liebsten zerrissen hätte und später sein Freund wurde, so ›miterlebt‹, wie ich sie niedergeschrieben habe.

Ich meine, ein Mensch mit Gemüt bringt es nicht anders fertig, als auch zu Tieren freundlich zu sein. Außerdem handelte der Briefträger – man mag die Zusammenhänge sehen oder nicht – auch hier als Christ. Ihm war es selbstverständlich, sich im Umgang mit Menschen oder mit Tieren als solcher zu bewähren.

Irgendwo habe ich einmal den Ausspruch gehört: »Lege die Hand auf den Kopf eines Kindes, und du legst sie auf das Herz seiner Mutter.« Das Benehmen eines Fremden ihrem Kind gegenüber wird für die Mutter ein Maßstab dafür sein, wie sie ihm begegnen kann. Ich möchte das obengenannte Wort so umwandeln: »Sei barmherzig mit dem Tier, sei zu ihm freundlich, und du machst seinen Besitzer glücklich.« Ich könnte mir vorstellen, daß manch einer der Nachbarn des alten Ehepaars, dem der Dackel gehörte, sich darüber lustig machte oder gar ärgerte, daß die beiden Leute ihr Herz so stark an den kleinen Kläffer hängten, ihn verwöhnten und verhätschelten. Ob jemand aus der Nachbarschaft wohl je darüber nachgedacht hat, wie sehr diese beiden Leute sich in jungen Jahren vergeblich nach einem Kind gesehnt hatten und jetzt, wo sie alt waren, gerne Enkel gehabt hätten, die sich ihrer annehmen könnten? So wurde der Dackel für sie irgendwie ein Ersatz. Der Briefträger hatte dafür Verständnis und gewann darum nicht nur die Sympathie des Hundes, sondern auch das Herz der beiden Alten.

Natürlich ist das noch kein Beweis des Christseins. Tiere lieben können auch andere. Aber ein Christ wird sich auch im Umgang mit Tieren von seinem Gewissen leiten lassen.

In diesen Tagen las ich in einer Zeitung: »Tiere werden, juristisch gesehen, in Zukunft nicht mehr als Sache, sondern als Lebewesen behandelt.« Ich vertrete den Standpunkt, daß wir sie als Geschöpfe Gottes zu behandeln haben. Sie sind zwar nicht den Menschen gleichgestellt, die nach biblischer

Aussage ja nach dem Bilde Gottes erschaffen wurden, zumal das Tier über einen Instinkt, aber nicht über Verstand verfügt. Man kann beim Umgang mit Tieren aber doch Erlebnisse haben, die einen staunen lassen. So ist wirklich etwas daran, wenn ein Hunde- oder Katzenbesitzer sagt: »Mein Tier versteht alles, was ich zu ihm sage.« Irgendwie kann es einen schon betroffen machen, wenn derjenige hinzufügt: »Es ist treuer als ein Mensch!« Welche Enttäuschungen müssen solchem Ausspruch vorausgegangen sein.

Zu den Erinnerungen meines Lebens, die ich in meinem Buch ». . . als flögen wir davon« und auch in diesem wiedergebe, gehört, daß es durch meine und meiner Brüder Erziehung für uns selbstverständlich war, uns mit Tieren zu befassen und zu ihnen gut zu sein. Ich habe so nette Tiererlebnisse gehabt, daß es mich schon oft gereizt hat, darüber zu schreiben, zumindest in einem Kinderbuch. Da wäre die Geschichte von dem Schmetterling gewesen, den wir Fridolin nannten. Vierzehn Tage haben wir ihn, der sich vor plötzlich einbrechender Kälte in unser Wohnzimmer flüchtete und an der Gardine seinen Standplatz hatte, täglich ein paar Mal mit einem Tröpfchen Honig gespeist, weil wir fürchteten, ohne Nahrung würde er elendiglich verenden. Dasselbe Schicksal hätte ihn getroffen, wenn wir ihn hinaus ins Freie gelassen hätten. Dort wäre er sicher erfroren. Ich näherte mich ihm also behutsam mit einem Tropfen Honig auf der Spitze meines Zeigefingers. Es dauerte nicht lange, und er setzte sich auf den Finger, rollte seinen Rüssel aus, um die Sache zu erkunden und saugte die süße Speise auf. So geschah es, bis sich das Wetter geändert hatte und wir ihn wieder hinaus in die frische Luft und Sonne lassen konnten.

Oder die Geschichte von unserm Dackel Struppi, der einige Gänseküken betreute, sie spazieren führte und dabei eigenartig lockende Töne von sich gab, beinahe wie eine Henne, die ihre Küchlein bewachte. Manchmal schien er zu glauben, daß die Gänsebabys vom Spaziergang ermüdet waren. Dann schubste er sie behutsam mit der Schnauze in einen Sandkasten, über dessen Rand die kleinen Gänse alleine nicht gelangen konnten. Dort wähnte er sie in Sicherheit. Aber er wich nicht von ihrer Seite. Nahte sich jemand dem Sandkasten, so fletschte er die Zähne und bellte wütend. Das war so originell, daß ich eines Tages bei der Redaktion unserer Tageszeitung anrief: »Haben Sie schon einmal einen Gänsehund gesehen?«

»Nein!«

»Aber vielleicht Hundegänse?«

»Auch dazu hatten wir bis jetzt keine Gelegenheit.«

»Dann schicken Sie einen Ihrer Reporter ins Berghaus St. Michael. Dort können Sie beide photographieren.«

Struppi und seine Adoptivkinder erschienen in der Geislinger Zeitung, dazu ein Bericht. Die Folge war, daß am Sonntag darauf etliche Privatautos bei uns vorfuhren, deren Besitzer baten, die außergewöhnliche Tierkombination Hund und Gänse sehen zu dürfen. Struppi, der um seine Schützlinge bangte, empfing sie derartig, daß sich keiner von ihnen in seine unmittelbare Nähe wagte.

Hätte ich Zeit gehabt, mein Vorhaben auszuführen, wäre in dem Tierbuch für Kinder bestimmt auch die Geschichte von den fünfzig Fröschen zu lesen gewesen. Ich war etwa acht Jahre alt, als meine Brüder zwei heimatlose Igel fanden. Sie glaubten wenigstens, daß sie heimatlos seien und hatten mit ihnen Mitleid. Sie trugen sie zu uns nach Hause. Aber wovon leben Igel? Einer meiner Brüder behauptete gelesen zu haben, daß sie mit Vorliebe kleine Laubfrösche fressen.

Also machten wir uns gemeinsam auf und erreichten bald den Wald, in dem wir Tage zuvor solche winzigen Frösche gesehen hatten, die dort in großen Mengen herumhopsten. Wir nahmen uns vor, nicht eher nach Hause zu gehen, bis wir fünfzig dieser Tierchen gefangen hatten. Das war gar nicht so einfach, denn sie entglitten unseren Händen immer wieder. Aber schließlich hatten wir vier Geschwister sie beisammen. Doch hatten wir vergessen, eine Blechbüchse oder einen ähnlichen Behälter mitzunehmen. Es blieb uns also nichts anderes übrig, als unser Igelfutter in meine weiße Sonntagsschürze zu sammeln, die ich zusammenraffte, um die glitschige Beute nach Hause zu tragen.

Neugierig, wie sich unsere beiden Igel verhalten würden, umstanden wir den Verschlag, in dem sie untergebracht waren. Ich öffnete meine Schürze und ließ die fünfzig Frösche aus ihrer Gefangenschaft. Die sprangen und purzelten über die Igel her und waren ehe wir uns versahen, nach allen Richtungen in die Freiheit geflüchtet. Nichts blieb von ihnen zurück als meine keineswegs mehr sonntägliche grün gesprenkelte Schürze. Die beiden Igel aber hatten keinerlei Notiz von den Fröschen genommen. Sie labten sich genüßlich an der Milch, die wir ihnen in einer kleinen Schüssel vorgesetzt hatten.

Obgleich dies weder ein Kinder- noch ein Tierbuch sein soll, möchte ich meinen Lesern, unter denen ja auch viele Tierfreunde sind, diese Erlebnisse nicht vorenthalten. Sie gehören, so unwesentlich sie scheinen mögen, einfach in mein Erinnerungsbild. Darum möchte ich auch noch von meinem Kanarienvogel Hans-Jockeli erzählen, der mich jeweils weckte, wenn ich meinen Mittagsschlaf auf der Couch im Wohnzimmer gehalten hatte. Um drei Uhr trug meine Mitarbeiterin den Kaffee herein.

Das war für den Kanarienvogel das Zeichen, mich zu wecken. Er durfte bei geschlossenem Fenster im Zimmer frei herumfliegen. So kam er, setzte sich auf meinen Kopf und zupfte mich liebevoll an den Haaren, um mir mitzuteilen, daß es jetzt Zeit sei aufzuwachen.

Wenn wir dann um den Kaffeetisch herumsaßen, nahm er seinen Platz auf dem Rand der Zuckerdose ein und wußte, daß es ihm erlaubt war, ein wenig daraus zu naschen. Ich hatte ihn von einem Vogelzüchter bekommen, kurz nachdem Hans-Jockeli aus dem Ei geschlüpft war. Sein Körper war damals noch mit zartem Flaum bedeckt, aus dem mit der Zeit gelbe Federn wurden.

Aber nun genug der Tiergeschichten. Auf eines möchte ich jedoch auch hier hinweisen: Die Bibel gibt uns für den Umgang mit unseren Tieren klare Anweisungen. Da heißt es zum Beispiel: »Der Gerechte erbarmt sich seines Viehs.« Dabei sind bestimmt nicht nur unsere nutzbringenden Tiere gemeint wie Kühe, Pferde, Schafe und andere. Das gilt bestimmt ebenso für Vögel im Käfig wie Papageien und Wellensittiche, auch Meerschweinchen und Goldfische sind nicht ausgenommen. Ein Christ wird unglaubwürdig, wenn er sich nicht barmherzig erweist, sei es Menschen oder Tieren gegenüber. Das Brüllen und Stöhnen der oft gequälten Kreatur steigt zum Himmel. Es hat schon seinen Grund, wenn der Apostel Paulus in Römer 8, 19 ff. vom »ängstlichen Harren der Kreatur auf Erlösung« schreibt.

Nun kann man einem Tier nicht das Evangelium predigen. Aber das Verhältnis des Menschen zu ihm sollte ein Beweis seiner Stellung dem gegenüber sein, was die Bibel dazu als Richtlinie angibt. Das ist dann eine Predigt ohne Worte.

Doch nun möchte ich noch einmal auf den Briefträger zurückkommen. Er erzählte mir folgende Begebenheit, die mich ebenfalls beeindruckte:

In seinem Arbeitsbezirk lag unter anderem auch das katholische Pfarrhaus. Der dort wohnende Geistliche war ein liebenswürdiger Herr.

»In den wenigen Minuten unseres jeweiligen Zusammenseins«, so erzählte mir der Postbote, »erkannten wir immer wieder, daß unabhängig von der Zugehörigkeit zur evangelischen oder katholischen Kirche eine Bruderschaft in Christus zwischen uns möglich ist. Die Gespräche mit dem Geistlichen waren mir sehr wichtig. Der gemeinsame Gedankenaustausch gab uns beiden allerlei Anregungen. Unter anderem kamen wir auch auf die Nöte unserer Tage zu sprechen.

Dabei merkte ich deutlich, daß der zersetzende Geist unserer Zeit, der sich in der Masse besorgniserregend zeigt, auch an den Kirchen und Gemeinschaften nicht halt macht.

Eines Tages hatten wir ein Gespräch über die Oberflächlichkeit und Gleichgültigkeit vieler Gott gegenüber. Aber wir versäumten nicht, auch zum Ausdruck zu bringen, daß man auch in unsern Tagen immer wieder bewußte Hinwendungen zu Jesus Christus erleben kann.«

So ist es doch ein unbedingt positives Zeichen, daß in den Pfingsttagen zur gleichen Zeit 7000 junge Menschen in Bad Liebenzell, 5000 in Esslingen und 5000 bei dem Treffen in Aidlingen zusammenkamen. Auch aus der Sowjetunion und anderen Ländern wird von einem Aufbruch der Jugend berichtet, die das Christentum neu entdeckt hat.

»Der katholische Pfarrer und ich«, so berichtete der Briefträger weiter, »gerieten so in Eifer über diese frohmachende Tatsache, daß es mich innerlich drängte, dem Geistlichen zu sagen, daß ich jetzt am liebsten mit ihm gemeinsam Gott dafür danken würde.«

»Warum sollten wir das nicht tun?« erwiderte der Pfarrer und griff nach einem Gebetbuch.

»Ich darf doch sicher beten, wie ich es gewöhnt bin«, fragte der Postbote offen, »so frei, wie es aus meinem Herzen kommt.«

»Aber gerne«, erwiderte der katholische Geistliche, dessen Betschemel in seinem Studierzimmer bewies, daß er es gewöhnt war, zum Gebet niederzuknien. Ich weiß nicht, wie sie es dann gehalten haben, der katholische Pfarrer und der evangelische Briefträger. Aber es waren gewiß bewegende Augenblicke, als die beiden ihre Anliegen vor Gott ausbreiteten.

Manche meiner Leser werden diese Sprache verstehen und sich darüber freuen. Andere wieder werden damit nichts anfangen können. Jedenfalls wurde ein Briefträger, der sich anfangs sträubte, diesen Beruf zu ergreifen, durch seinen Bekennermut, der sich nicht nur in Worten, sondern vor allem in seiner Gesinnung äußerte, ein Segen für viele.

So könnte ich noch von manchen Menschen berichten, die, obgleich sie nie Theologie studiert haben, in ihrem Leben zur Tat werden ließen, was Christus den Seinen gesagt hatte: »Ihr sollt meine Zeugen sein.«

Vor mit liegt ein liebliches Bild: zarte Wiesenblumen in leuchtenden Farben, gepreßt, aufgeklebt und mit einer durchsichtigen Folie überzogen. Immer wieder muß ich das Bild in die Hand nehmen, es anschauen und an diejenige denken, die es mir geschenkt hat. Es ist ein besonderes Blumenbild. Ich habe davon viele gesehen, aber keines hat mich so bewegt wie dieses.

Johanna B. hat es mir verehrt. Keine der zarten Blumen konnte sie selbst pflücken. Aber sie besitzt Freunde, die dies für sie tun, um sie damit zu erfreuen und es ihr zu ermöglichen, anderen Freude zu bereiten. Aber ich sollte vielleicht zuerst erzählen, wie mein Mann und ich Johanna kennenlernten.

Es war vor einigen Jahren, als ich gebeten wurde, in der Bibelkonferenzstätte Langensteinbacherhöhe während einer Freizeit für Senioren einige Vorträge zu halten. Ich wählte das Thema: »Mit frohem Herzen alt werden.« Dieses von Gott gesegnete Werk liegt, umgeben von herrlichen Wäldern, am Rande des Schwarzwaldes auf einer Anhöhe zwischen Pforzheim und Karlsruhe. Durch meinen ältesten bereits verstorbenen Bruder, der Pastor war und die Arbeit, die auf der Langensteinbacherhöhe getan wird, sehr schätzte, hatte ich mit diesem Haus Kontakt bekommen. So kamen wir, mein Mann und ich, nach Langensteinbach und freuten uns an der dort herrschenden guten geistlichen Atmosphäre und über die wertvollen Vorträge.

Während der Tage, an denen ich zu den Hausgästen sprechen durfte, fragte uns jemand, ob wir auch schon einen Besuch bei der Kranken gemacht hätten, die im oberen Stockwerk läge und von ihrer alten Mutter betreut würde.

Ich verneinte dies, waren uns doch diese beiden völlig unbekannt. Dann aber wurde die an uns gestellte Frage uns zum Auftrag. Das Wissen um die Not eines Menschen verpflichtet.

So fuhren wir am nächsten Tag mit dem Aufzug hinauf und klopften an die uns genannte Zimmertür. Eine helle, fröhliche Stimme forderte uns auf, einzutreten. Wir begrüßten zuerst die alte Mutter, die am Bett der Kranken saß. Dann wandten wir uns dieser zu. Kaum hatte ich einige Worte mit ihr gesprochen, rief Johanna, die uns ihren Namen genannt hatte, freudig erregt: »Sie sind Frau Sauter-Dreisbach! Ich erkenne Sie an Ihrer Stimme; denn meine Mutter und ich haben Ihre Vorträge hier oben durch den Lautsprecher gehört und alles gut verstanden. Wie sehr freue ich mich, daß Sie sich die Zeit nehmen und uns mit Ihrem Mann besuchen. Ich kann ja nicht zu Ihren Vorträgen in den Saal kommen. Aber meine Mutter und ich genießen es sehr, immer wieder eine Zeitlang auf der Langensteinbacherhöhe sein zu dürfen und über den Lautsprecher an den Gottesdiensten und Vorträgen teilnehmen zu können, auch wenn es uns leider nicht möglich ist, in der Gemeinschaft der anderen zu sein.«

Mein Mann und ich waren verwundert über die frischfröhliche Art der Kranken, die doch, wie wir später erfuhren, ein schweres Leiden hatte. Ich mußte von ihr mehr wissen. Diesem ersten Besuch folgte im nächsten Jahr, als die Mutter und ihre kranke Tochter ebenfalls wieder dort waren, ein zweiter.

Später schrieb mir Johanna einen Brief, dessen Inhalt mich sehr bewegte. Weil ich in diesem Buch Begegnungen mit Menschen schildere, die zum Teil ein schweres Schicksal hatten und sich bemühten, dieses tapfer zu tragen, ist es mir ein Anliegen, aus Johannas Brief verschiedene Auszüge wiederzugeben. Vielleicht können sie einigen Lesern Mut und Zuversicht schenken. Ich bin überzeugt, daß die kranke Johanna zu denen gehört, die einen wichtigen Dienst zu erfüllen haben. Sie schreibt unter anderem: »Daß ich überhaupt noch lebe, ist ein Wunder. Von Geburt an war ich hüftleidend. Durch eine Rückgratverkrümmung folgten unsagbar schwere Zeiten. Mein Herz machte mir je länger desto mehr große Not, so daß es zu schweren Herzattacken kam. Meine Bewegungsmöglichkeit wurde immer mehr eingeengt. Ich mußte fast ständig liegen. Jetzt bin ich siebenundvierzig Jahre alt.«

Im Grunde genommen ist Johannas bisheriges Leben nur ein Leidensweg gewesen. Als wir sie zum erstenmal besuchten, erwarteten wir eine bedauernswerte, hilflose, ja schwermütige Kranke zu finden, nicht aber ein fröhliches Menschenkind. Sie begrüßte uns mit strahlendem Gesicht, als seien wir längst gute Bekannte, ja Freunde. Was war das für ein Geheimnis, das sie umgab?

Ich zitiere weiter aus ihrem Brief: »Gott hat mir die Augen geöffnet. Ich durfte erkennen, daß er aus allem Leid, das er mir schickte, Herrlichkeit machen will. Jesus hat für uns das schwerste Kreuz getragen. Ich kann es bezeugen: Mit ihm trägt sich alles Leid leichter. Allerdings, es kamen auch für mich Stunden, in denen ich mich nur mühsam vortasten konnte. In solchen Situationen kann ich nur sagen: ›Vater, ich verstehe dich nicht, aber ich vertraue dir!‹ Ich möchte es bestätigen, daß er mir immer wieder aus meiner Not heraushalf und sie erträglich machte.«

Diese jetzt Siebenundvierzigjährige gibt auf ihrem Krankenbett ein fröhliches Zeugnis von dem, was sie immer wieder mit Christus erlebt. Die in ihrem Brief angeführten Bibelworte sind ihre persönliche Erfahrung geworden: »Wessen sollte ich mich trösten? Herr, ich hoffe auf dich. Und er läßt keinen zuschanden werden.«

»Wäre er nicht mein Trost gewesen, ich wäre vergangen in meinem Elend.«

»Da dieser Elende rief, hörte der Herr und half ihm.«

Johanna schreibt weiter: »Wie oft hat der Herr mir in diesen schweren Jahren geholfen.« Sie beschließt mit folgenden Bibelworten den Brief: »Wenn ich in Angst wandle, erquickst du mich, und wenn mir gleich Leib und Seele verschmachtet, so bist du doch, Gott, meines Herzens Trost und mein Teil.«

Es mag für viele unverständlich sein, daß ein körperlich schwer leidender Mensch so sprechen kann. Hier ist nichts von frömmelnder Schwärmerei, sondern das Bekenntnis wunderbarer Erfahrungen, die zu einem lebendigen Zeugnis werden.

Wir alle sind mehr oder weniger leidensscheu, fürchten uns vor Schmerzen und schwerer Krankheit. Auch ich gehöre dazu und kann Gott nur bitten, mir die Gnade zu schenken, so fröhlich und getrost auch durch dunkle Tage zu gehen, wie das bei Johanna der Fall ist – eingedenk des Wortes aus dem 23. Psalm: »Und ob ich schon wanderte im finstern Tal, fürchte ich kein Unglück, denn du bist bei mir.«

Immer wieder streift mich beim Schreiben dieses Buches der Gedanke, ob die Leser letztlich nicht etwas ganz anderes erwarten als derartige Berichte? Wer will sich denn schon mit der schweren Krankheit eines anderen Menschen befassen?

In meiner Autobiographie »... als flögen wir davon« konnte ich meine Leser noch teilhaben lassen an Reisen, die ich unternahm: etwa nach Budapest, nach Paris oder in die Schweiz. Ich konnte ihnen Eindrücke von Hamburg und anderen Großstädten vermitteln, wo ich überall tätig war. Jetzt aber bin ich alt geworden. Meine kranken Knie erlauben mir nicht mehr, Berge zu besteigen oder auch nur längere Wege zu gehen. Meine Kräfte lassen nach. Es ist nicht immer ganz einfach, verzichten zu müssen und damit fertig zu werden, daß man nicht mehr so leistungsfähig ist wie in früherer Zeit. Soll ich dem Vergangenen nachtrauern?

Wiederholt wollten liebe Freunde meinen Mann und mich dazu bewegen, doch endlich einmal eine Reise nach Israel zu machen. Sie, die schon wiederholt dort waren, drängten uns so sehr, daß wir fast den Eindruck haben mußten, es sei ein nicht gutzumachendes Versäumnis, nicht dort gewesen zu sein.

Andere schilderten ihren Aufenthalt in Teneriffa, Kenia und Mallorca sehr verlockend. Einer unserer Verwandten, der in Indien ein großes Aufgabengebiet hat, verstand es, durch seine Rundbriefe in uns die Lust zu wecken, Einblick in die dortigen Missionswerke zu nehmen. Unser Interesse für dies alles ist groß. Aber mein Mann wäre nie ohne mich gereist, und mir persönlich läßt das spürbare Nachlassen meiner körperlichen Kräfte nicht mehr zu, solche Reisen zu unternehmen.

Wir betrachten den Verzicht nicht als Verlust, sondern meinen, unser Leben hier im Berghaus gibt uns noch eine Fülle von Möglichkeiten, die uns bereichern, auch wenn es sich dabei um keine besonderen Geschehnisse handelt.

Daß meine körperlichen Kräfte nachlassen, das ist naturgegeben. Damit muß jeder fertig werden. Aber weil ich weiß, daß viele älter gewordene und alte Menschen mit dieser Tatsache nicht so ohne weiteres zurechtkommen, möchte ich nun auch zu dieser Lebenssituation einiges sagen.

Ich habe in diesem Buch über das Verhältnis zu Kindern und Heranwachsenden, aber auch zu Tieren gesprochen. Es mag sein, daß es unter meinen Lesern solche gibt, die zu keinem der beiden Bereiche Beziehungen haben. Andererseits gibt es aber auch viele, die sowohl mit Kindern, Jugendlichen und auch mit alten Leuten zu tun haben und sich daher für die Ausführungen darüber in diesem Buch interessieren.

Als ich kürzlich in Vertretung von Martl Lang mit den Gästen noch zu einer Abendgestaltung zusammen war, erzählte ich ihnen einfach einige meiner Erlebnisse mit Tieren, wie ich es auch in diesem Buch getan habe. Ich wunderte mich, daß am Schluß dieses Abends ein älterer Herr, der mit seiner Frau und seiner Schwiegermutter unser Gast war, zur mir kam und sagte: »Sie haben uns mit Ihrem

Erzählen heute abend eine große Freude bereitet.« Dieser Mann steht mitten im arbeitsreichen Berufsleben. Ich hatte kaum erwartet, daß Tiergeschichten ihn ansprechen würden.

Anders ist es vielleicht bei den Erlebnissen mit Kindern, obgleich es – mir allerdings unverständlich – Menschen gibt, die zu Kindern kaum ein Verhältnis haben. Ich finde dies fast abartig. Ich hörte von einer Großmutter, die zu ihrer eigenen Tochter sagte: »Ich bin bereit, dir deine Wäsche zu waschen, zu bügeln und zu flicken, aber verlange nicht, daß ich mich mit deinen Kindern abgebe.«

Erst kürzlich habe ich in einer Lebensbeschreibung der Russin Goritschewa, die auf wunderbare Weise in ihrem Heimatland zum Glauben an Christus gekommen ist, einen interessanten Ausspruch gelesen: »Unsere Großmütter sind unsere Rettung. Die glauben noch an Gott, können mit unseren Kindern beten und ihnen biblische Geschichten erzählen. Sie singen mit ihren brüchigen Stimmen ihnen sogar noch geistliche Lieder vor. Ja, unsere gläubigen Alten!«

Während ich dies niederschreibe, sage ich mir: Du gehörst jetzt ja auch schon zu ihnen. Aber heißt es nicht, man sei so alt, wie man sich fühlt?

Diese Behauptung steht allerdings auf ziemlich schwachen Füßen; denn heute fühlen wir uns wohl, morgen weniger gut oder gar schlecht.

Kürzlich habe ich das erlebt: Wir hatten im Berghaus St. Michael Gemeindebesuch, was recht oft vorkommt. Zur bestimmten Zeit werden die Autobusse mit den Tagesgästen erwartet. An sorgfältig gedeckten Tischen nehmen sie, je nach Abmachung, zum Mittagessen oder zum Nachmittagskaffee ihre Plätze ein. Später gibt es eine Führung durch das Gästehaus und durch das Kinderheim. Anschließend begibt man sich in den Andachtsraum, den ich gerne das Herzstück unseres Hauses nenne. Dort berichtet Frau Lang über den Beginn der Arbeit des Christlichen Erholungsheimes, über die wunderbaren Führungen Gottes und die Fülle von gesegneten Erfahrungen. Anschließend halte ich gewöhnlich eine kurze Andacht.

Einer der auswärtigen Besucher hatte mich diesmal gebeten, vor der Andacht einiges aus meinem persönlichen Leben zu erzählen – etwa, wie es dazu kam, daß ich Schriftstellerin wurde. Ich erzählte unter anderem, daß ich nun schon dreiundachtzig Jahre alt sei und auf wunderbare Erfahrungen mit Gott zurückblicken kann. Dabei muß ich offenbar doch einen recht vitalen Eindruck gemacht haben. Jedenfalls kam nach meinem Bericht und der darauffolgenden Andacht eine ältere Frau mit ihrem etwa fünfjährigen Enkelsohn an der Hand zum Rednerpult. Sie erzählte mir, daß der Kleine sehr gut aufgepaßt und zu ihr gesagt habe: »Oma, das stimmt ja gar nicht, was die Frau gesagt hat. Die ist doch noch gar nicht so alt.« Und in der Tat, ich mache immer wieder die Erfahrung: Wenn ich über geistliche Themen oder meine Lebenserfahrungen zu sprechen beginne, werde ich von der Aufgabe so mitgerissen, daß meine körperlichen Beschwerden ganz in den Hintergrund treten. So ist das eben: Manchmal fühlen wir uns älter, als wir sind. Ein andermal wieder spüren wir das Alter gar nicht und freuen uns, wenn man uns für jünger hält, als es unser Paß ausweist. Aber unabhängig davon, wie alt wir uns fühlen oder nach Jahren sind – vielleicht sollten wir uns noch einmal an den vorhin zitierten Ausspruch von Frau Goritschewa erinnern. Wichtiger wäre demnach, ob man auch von uns sagen kann: »Ja, unsere gläubigen Alten... sie sind unsere Rettung.«

Ich möchte noch etwas bei Erlebnissen mit älteren Menschen bleiben.

Im Berghaus St. Michael fand wieder einmal eine Familienfreizeit statt. Eine Anzahl von Leuten, die zur Altpietistischen Gemeinschaft gehörten, nahm daran teil. Väter, Mütter, Kinder und Großeltern waren beisammen. Was uns auffiel und angenehm berührte war, daß die Freizeit ausgezeichnet organisiert verlief. An den täglichen Andachten, die der Leiter der Gruppe hielt, nahmen alle wie selbstverständlich teil. Die Kinder, bis hin zu den Kleinen, die noch auf dem Schoß der Mütter saßen oder sich während der Andacht auf dem Teppichboden leise mit Bauklötzchen oder anderem beschäftigten, verhielten sich vorbildlich. Wurde eins der kleinen Kinder doch unruhig, so daß man eine Störung befürchten mußte, nahm eine Mutter das Kind auf den Arm und trug es hinaus, ohne daß die Andacht unterbrochen werden mußte. Allerdings konnte man die Kinder nicht überfordern, indem man sie in alle Vorträge und auch zur Gebetsgemeinschaft mitnahm. Dafür hatten die Verantwortlichen der Freizeit Vorsorge getroffen, indem sie zwei Kindergärtnerinnen aus ihren Kreisen gewonnen hatten, die sich in diesen Tagen der Kinder annahmen. Sie hatten sie in einem anderen Raum um sich gesammelt, sangen mit ihnen Lieder, die sie auf der Gitarre begleiteten, und erzählten ihnen biblische Geschichten, die sie mit Flanell-Bildern auf entsprechenden Tafeln plastisch untermalten. Auch die Lieder wurden auf Bildtafeln dargestellt, so daß selbst die noch nicht schulpflichtigen Kinder sie dort »ablesen« konnten. Es war eine Freude, die hellen Kinderstimmen zu hören.

Als mein Mann und ich diesem fröhlichen »Religionsunterricht« eine Weile zugehört hatten, fiel uns eine gut aussehende Frau auf, die mit einem kleinen Kind auf dem Arm – ich schätzte es noch keine zwei Jahre alt – hinzukam, ebenfalls eine Weile zuhörte und in die Lieder einstimmte. Zwei etwas größere Kinder hielten sich dicht zur Mutter und waren ebenfalls ganz dabei. Man merkte, daß ihnen die Lieder, die dort gesungen wurden, nicht unbekannt waren.

Irgendwie hatte mich die ruhige Art der Frau beeindruckt. Eine andere Teilnehmerin der Freizeit erzählte mir später, daß die Frau Bäuerin sei, acht Kinder habe und mit den größeren den Hof mit über hundert Schweinen versorge, während ihr Mann wochentags in die Stadt zur Arbeit fahre, um seine große Familie ernähren zu können. Es fällt mir nicht schwer, mir vorzustellen, daß dort auf dem Hof auch eine

Großmutter nötig ist, die der jungen Frau nach besten Kräften zur Seite steht, etwa, indem sie die Kleinen beaufsichtigte, während die Bäuerin der anderen Arbeit nachgeht.

Die alten Maler, wie etwa Moritz von Schwindt, haben immer wieder solche Familienidylle in ihren Bildern festgehalten: Die fleißige Mutter, den pflichtgetreuen Vater, umgeben von einer fröhlichen Kinderschar, der Großvater und die Großmutter selbstverständlich dazugehörend, Ruhe und Gelassenheit ausstrahlend. Natürlich durften auf diesen Bildern die Tiere nicht fehlen: Hühner, Gänse, Tauben, Katzen und Hunde, die Gespielen der Kinder, belebten das liebliche Bild.

Wenn ich die Bäuerin beobachtete, sah ich, daß sie es sichtlich genoß, mit einigen ihrer Kinder an der Freizeit teilnehmen zu können und einmal nicht im Zwang der vielen täglich anfallenden Pflichten zu stehen. Hier konnte sie sich mit den Kindern an den gedeckten Tisch setzen, ohne vorher selbst die Mahlzeiten zubereiten zu müssen. Für wenigstens kurze Zeit war es ihr möglich, einmal zur Ruhe zu kommen. Wenn ich sie so sah mit dem kleinsten ihrer Kinder, das sie ständig auf dem Arm trug, dann meinte ich, es könne gar nicht anders sein, als daß zu Hause auf ihrem Hof ein Großelternpaar oder wenigstens eines von den beiden zu finden sei, um die Bäuerin zu entlasten. Ich habe die Frau nicht gefragt, wer statt ihrer in den wenigen Tagen, die sie hier auf der Schwäbischen Alb zubringen konnte, den Hof und die Tiere versorgt. Vielleicht hatte ihr Mann einige Tage Urlaub nehmen können, oder freundliche Nachbarn waren für sie eingesprungen.

Immer wieder sehe ich das Feierabendbild des Malers von Schwindt vor mir. Welche Ruhe und welchen Frieden strömt es aus. Gibt es das heute überhaupt noch? Ich weiß, es ist selten geworden, daß das jüngste der Kinder auf dem Schoß der Großmutter in den Schlaf gewiegt wird. Auch scheinen die Zeiten vorbei zu sein, in denen der Großvater den heranwachsenden Enkeln beibringt, wie man den Pflug durch den Acker führt oder ein Pferd lenkt. Bulldog und Auto sind an ihre Stelle getreten. So manch ein Familienidyll gehört unwiederbringlich der Vergangenheit an. Meist leben die Großeltern nicht mehr im Kreis der Familie, obwohl die Menschen unserer Zeit im allgemeinen ein viel höheres Lebensalter als früher erreichen. Was ist es also mit den Großvätern und Großmüttern?

Kennt man eigentlich noch solche Bilder, auf denen die ganze Familie vereint ist, außer etwa vor dem Fernsehapparat? Ist es verwunderlich, wenn wir uns ein wenig nach jener Zeit zurücksehnen, in der ein gemeinsamer Feierabend noch möglich war, wo die Familie auf der Bank vor dem Haus oder unter der Linde saß? Kinder spielten um die Alten herum, selbst der Bauer und seine Frau legten die Hände in den Schoß.

Ich meine den Protest mancher Leser zu hören: »Hören Sie auf mit solchen sentimentalen Stimmungsbildern! Sie passen einfach nicht mehr in unsere hektische Zeit, in der man andere Lebensauffassungen hat.« Ist es in Wirklichkeit nicht so, daß in unseren Familien das Gespräch immer mehr verstummt, weil sich viele einen Abend ohne Fernsehen nicht mehr vorstellen können? Es ist, als sei der Mensch auf der Flucht vor der Stille... Doch wollte ich ja bei unseren Alten bleiben.

Ein großer Teil der Gäste in unserem christlichen Erholungsheim sind ältere Leute. Die Jungen zieht es meist in die Ferne. Es gibt ja auch so viele Flug- und andere Reisemöglichkeiten! Die meisten leben in so guten Verhältnissen, daß sie es sich ohne weiteres leisten können, ferne Länder zu besuchen.

Was aber ist mit denen, die zu Hause bleiben und ihre Erholungstage in der Nähe zubringen?

»Erholungstage?« fragt der Achtundsiebzigjährige. »Daß ich nicht lache! Wovon sollen meine Frau und ich uns denn erholen? Ich bin Rentner. Mit der Hausarbeit werden wir gemeinsam in unserer kleinen Wohnung schnell fertig. Weil meine Frau mit ihren kranken Knien nicht mehr so lange in der Küche stehen kann, lassen wir uns ›Essen auf Rädern‹ bringen, das uns die Stadt zu mäßigen Preisen zur Verfügung stellt. Mir selbst ist es noch möglich, kleine Spaziergänge und die notwendigen Besorgungen zu machen, bei denen mich meine Frau wegen ihrer körperlichen Schwäche nur selten begleiten kann. In der Zwischenzeit sitzen wir eben zu Hause herum und warten. Worauf eigentlich? Wir haben keine Angehörigen mehr, die sich um uns kümmern könnten. So ist es eigentlich ein hoffnungsloses Warten.

Unser Pfarrer hat uns den Rat gegeben, einmal einige Tage in einem Erholungsheim zuzubringen. Darum sind wir in das Berghaus St. Michael gekommen. Hier finden wir außer etlichen jungen Leuten auch Altersgenossen, mit denen wir unsere Erfahrungen austauschen können. Meine Frau lebt sichtlich auf, und auch mir tut die Zeit hier gut.«

»Worauf warten wir noch?« Irgendwie hat uns diese Frage sehr bewegt. Mein Mann und ich haben Besuche in verschiedenen Altenheimen gemacht. Da saßen sie, die weißhaarigen Männer und Frauen, entweder allein in ihren Stuben oder in den Vorplätzen, in den Treppenhäusern der verschiedenen Stockwerke, oder, wenn solche vorhanden waren, auch in den Aufenthaltsräumen. Wir haben uns zu ihnen gesetzt und versucht, ein Gespräch anzuknüpfen. Es kam meistens nur schwer zustande, nicht allein deshalb, weil sie fast alle schwerhörig waren, sondern zum Teil auch, weil sie gar nicht mehr ansprechbar sind. Freudlos und unendlich verlassen wirkten sie auf uns. Worauf warteten sie? Auf die nächste Mahlzeit, auf ein freundliches Wort, auf den Besuch eines Angehörigen, der oft so lange auf sich warten läßt? Auf den Tod?

Wir sprachen bei solch einer Gelegenheit einmal einen jungen Pfleger an, der uns unter anderem sagte, daß er noch nicht lange in diesem Altenheim tätig sei. Mit großen Idealen war er gekommen, um den alten Leuten zu helfen, um ihnen ein wenig Freude zu bringen; aber es sei unendlich schwer, dies in die Tat umzusetzen. Die Heimleiterin sei zwar eine mütterliche, feine Frau – wir haben sie persönlich kennengelernt und können dies bestätigen –, »aber«, so berichtete der junge Mann weiter, »es gibt täglich so viele notwendige Arbeiten, daß das rein Menschliche einfach zu kurz kommt.« Er sei besorgt, daß ihm die Freudigkeit zu diesem Dienst mit der Zeit verlorengehe. Die ganze trostlose Atmosphäre des Hauses greife auf ihn über, so sehr er auch bemüht sei, sich dagegen zu wehren.

Welche Pflichten erwarten uns, die wir irgendwo in einem Altersheim oder sonstwo Alte, Hilfsbedürftige oder einsame Angehörige haben?

Ich hörte von einer Ärztin, die, wenn ich nicht irre, aus Japan nach Deutschland kam, um die Verhältnisse hier zu studieren. Als man sie fragte, was sie besonders beeindruckt habe, erwiderte sie: »Die schönen Städte mit den vielen Grünanlagen, die herrlichen Schulhäuser und die hellen Krankenhäuser und Kliniken. Aber warum benötigt man in Deutschland so viele Altersheime? Ist es hier nicht üblich, daß man seine Großeltern und Urgroßeltern im Kreis der Familie den Lebensabend zubringen läßt und sie dort versorgt, bis sie sterben?«

Mich hat der Ausspruch dieser Ärztin betroffen gemacht. Natürlich ist es nicht überall möglich, meist schon aus räumlichen Gründen, die alten, oft kränklichen Menschen in der Familie zu behalten.

Altenheime müssen sein, und sie sind gewiß eine segensreiche Einrichtung, wenn sie in rechter Weise – ich meine damit in christlicher Gesinnung – geleitet werden. Aber ich stimme dem unbedingt zu, was ein Arzt sagte: »Nur wenn es gar nicht anders geht, sollte man dem alten Menschen zumuten, seine gewohnte Umgebung zu verlassen und sich noch einmal völlig umzustellen, indem er seine Lebenswurzeln in einen fremden Boden senken muß.« Wie viele alte Menschen leiden unsagbar unter Heimweh, wenn sie so entwurzelt werden.

Natürlich muß man dieses Problem von verschiedenen Seiten betrachten. Es gibt viele alleinstehende Männer und Frauen, die in ein Altersstadium eingetreten sind, in dem sie sich einfach nicht mehr selbst versorgen können. Wenn sie nun unter keinen Umständen mehr zu Hause oder bei ihren Angehörigen bleiben können – das mag mancherlei Gründe haben –, sollte man doch bemüht sein, ihnen die in vielen Fällen vorhandenen Vorzüge der Unterbringung in einem Altenheim klarzumachen, um ihnen so den Übergang zu erleichtern. Heimwehkranken Bewohnern muß man zu helfen versuchen, indem man ihnen deutlich macht, daß der Aufenthalt in einem Alten- oder Pflegeheim nicht mit dem gewohnten Zuhause verglichen werden darf. Aber es gibt in solchen Heimen viele alte Leute, denen es dort oft besser geht, als sie es je zu Hause gehabt hätten. Vielleicht kamen sie sich dort überflüssig vor oder waren anderen Familiengliedern im Wege. Die andere Seite ist aber, daß es hier und da bei gutem Willen doch eine Möglichkeit gäbe, einem alten Menschen die Heimat zu erhalten, wenn man bereit wäre, etwas zusammenzurücken und ihm Platz zu machen.

Gewiß, früher waren die Wohnverhältnisse anders. Aber früher war es auch bei uns selbstverständlicher – nicht nur in China oder Japan –, den alten Menschen Ehrfurcht entgegenzubringen und ihnen zu vergelten, was sie für ihre Nachkommen getan und geopfert hatten.

Wer Altenheime besucht, kann mancherlei Interessantes erleben. In ein und demselben Haus, in dem alle Einwohner die gleichen Lebensbedingungen haben, gibt es solche, die über alles klagen, und andere, die zufrieden sind. Bei denen, die klagen, ist nichts nach ihrem Geschmack: Die Betreuung läßt zu wünschen übrig, die Heimleitung kümmert sich nicht genügend um den einzelnen, das Essen entspricht nicht ihren Vorstellungen, die anderen Insassen sind unleidlich und anderes mehr.

Mein Mann und ich besuchten eine Frau, die vor Jahren meine Schneiderin gewesen war. Sie hatte einen Schlaganfall erlitten, war ohne ihren Rollstuhl bewegungsunfähig und auf allen Gebieten abhängig vom Pflegepersonal. Das Zimmer teilte sie mit einer anderen Frau, die meistens im Bett liegen mußte und kaum noch ansprechbar war. Jedesmal, wenn wir meine ehemalige Schneiderin besuchten und nach ihrem Ergehen fragten, beeindruckte es uns, daß sie nie etwas zu klagen hatte. Stets berichtete sie Positives: »Die Schwestern sind alle sehr nett zu uns. Die Mahlzeiten sind gut und ausreichend. Die Heimleiterin besucht uns, so oft sie es möglich machen kann, und meine Angehörigen kommen fast jeden Samstag oder Sonntag. Ich habe über nichts zu klagen.« Vor ihr auf dem Tisch stehen ein Blumensträußchen und ein Teller mit Obst. »Sehen Sie, das haben sie mir wieder mitgebracht. Sie kommen nie mit leeren Händen. Doch, mir geht es gut! Ich bin zufrieden.«

Im gleichen Haus fuhren wir einmal mit dem Aufzug, in dem sich eine Anzahl Heimbewohner befanden, die vom unten gelegenen Speisesaal hinauf in ihre Etagen wollten, wo sie ihre Zimmer hatten. Ich bin der Meinung, daß man auch im Aufzug nicht stumm nebeneinander stehen muß, sondern ein kurzes freundliches Gespräch in Gang bringen sollte. »Sie kommen vom Abendessen?« fragte ich die Mitfahrenden. »Hat es etwas Gutes gegeben?«

Nur zwei oder drei antworteten freundlich: »Ja, es gab Kakao und Butterbrezeln.« Die anderen erwiderten nichts und blickten sich gegenseitig vielsagend, aber unverkennbar unzufrieden an. Es allen recht zu machen ist eben kaum möglich.

Nein, leicht ist der Dienst in einem solchen Hause nicht. Allerdings kann es auch schwer sein, alte Menschen mit körperlichen Gebrechen, mit Arterienverkalkung oder anderen Leiden bei sich zu Hause zu haben. Aber geht es in erster Linie darum, daß wir es leicht haben? Wenn wir doch wieder dahin kämen zu fragen: »Gott, was willst du, das ich tun soll?«

Jedes Opfer, das wir bringen, auch für unsere alten Menschen, trägt in sich einen Segen. Jesus sagt, daß sogar ein Becher kalten Wassers, den wir einem Bedürftigen reichen – und gehören unsere Alten nicht auch zu diesen –, nicht unbelohnt bleiben wird.

Laßt uns nicht schuldig werden an unseren Alten! Gehen wir nicht alle denselben Weg, und werden nicht auch wir einmal von Herzen dankbar sein, wenn man uns im Alter Gutes tut?

»Das ist es ja gerade«, erwidert mir jemand. »Der alte Mann, mein Urgroßvater, den wir in unserem Haus aufgenommen haben, ist die personifizierte Unzufriedenheit. Was wir auch für ihn tun, nie zeigt er die geringste Dankbarkeit. Er erkennt überhaupt nichts an von dem, was man ihm an Fürsorge entgegenbringt.«

»Oder unsere Urgroßmutter! Sie meint heute noch, alles besser zu wissen und redet uns in alles hinein. Dadurch gibt es täglich Ärger mit unseren jungen Leuten, von denen man natürlich wenig Verständnis für die Alten erwarten kann.«

Kann man es wirklich nicht? Oder sollte es tatsächlich ohne jeden Erfolg sein, wenn wir unsere Kinder und Jugendlichen dazu erziehen, unseren Alten gegenüber Geduld aufzubringen und ihnen Liebe zu erweisen? Allerdings, manche der oben angeführten Klagen sind berechtigt. Es braucht täglich viel Weisheit, aber auch den guten Willen, im Umgang zwischen Alten und Jungen die rechte Art zu finden, vor allem aber Liebe, die wir uns immer wieder neu erbitten müssen.

Ich habe einige Gespräche mit alten Leuten in Erinnerung: »Wie geht es Ihnen, Herr K.? Wir haben uns längere Zeit nicht gesehen.«

»Kein Wunder«, erwidert der Zweiundachtzigjährige. »Ich wohne ja auch nicht mehr zu Hause.«

»Was, Sie sind umgezogen?«

»Umgezogen? Rausgeschmissen hat man mich.«

»Wieso? Ich verstehe nicht...«

»Ja, Sie werden es nicht glauben. Vor ein paar Tagen sagte

mein Sohn zu mir, ohne daß er es vorher mit mir abgesprochen hatte: ›Vater, in einer Stunde komme ich zu dir in dein Zimmer und packe deine Sachen. Stell dir vor, es ist mir gelungen, in dem neuerbauten Altenheim für dich ein schönes Zimmer zu bekommen. Es war gar nicht so leicht; denn viele Bewerber warten auf Aufnahme. Nur weil unerwartet ein Insasse gestorben ist, wurde das Zimmer frei. Heute nachmittag fahre ich dich mit deinen Sachen dorthin.‹ Ich habe gemeint, ich höre nicht recht«, berichtete Herr K. weiter. »Es ist dir gelungen? wiederholte ich seinen Ausspruch. Bist du noch ganz bei Trost? Es ist dir gelungen? sagst du. – Und mich, deinen alten Vater, hast du überhaupt nicht gefragt, ob ich will? Ich habe dir noch zu meinen Lebzeiten das Haus vermacht, und du schiebst mich einfach ab?

›Komm, Vater, red' nicht so lang! Alles ist vorbereitet. Es wird dir gut gefallen. Ein schöner Park gehört zu dem Haus. Viele deiner Altersgenossen leben dort. Sie machen einen zufriedenen Eindruck und sagen, daß sie gut versorgt werden. Du wirst bald Anschluß finden und nicht allein sein. Ein Arzt kommt täglich ins Haus und –‹

Da habe ich meinen Sohn empört unterbrochen: ›Ja, zähle nur alle Vorzüge auf. Was nützen sie mir? Du hast mir die Heimat genommen und setzt mich einfach vor die Tür.‹ Sie dürfen mir glauben, ich war dem Zusammenbruch nahe. Aber schließlich ließ ich es mit mir geschehen. Es war für mich gleichbedeutend, als ob sie mich auf den Friedhof getragen hätten. So brachte mich mein Sohn in das Altenheim.

›Nicht einmal meine Möbel habt ihr mir gelassen‹, habe ich noch zu meinem Sohn gesagt, als er sich von mir verabschiedete. Da hatte dieser geantwortet: ›Dein Zimmer bleibt dir bei uns erhalten, wie es war. Du wirst ja immer wieder einmal zu uns auf Besuch kommen. Dann sollst du alles so vorfinden, wie du es verlassen hast.‹

›Wieder einmal auf Besuch kommen!‹ habe er bitter wiederholt. ›Auf Besuch kommen, wo es doch mein eigenes Haus ist. Nie sollst du es vergessen: Die Heimat hast du mir genommen.‹«

Es sollte wohl ein Trost sein, als sein Sohn antwortete: »Ich komme bald wieder und schaue nach dir.« Die ausgestreckte Hand, die er ihm reichte, ergriff der Alte nicht, sondern wandte sich von ihm ab. Als die Stationsschwester später ins Zimmer kam, saß der alte Mann bitterlich weinend im Sessel.

Hörte man die Argumente des Sohnes, so lauteten diese: »Es war mit dem Vater unerträglich geworden. An allem kritisierte er herum. Und was das Schlimmste war, er redete in der Nachbarschaft über uns und behauptete, nicht gut versorgt zu werden. An meiner Frau ließ er kein gutes Haar. An allem, was sie tat, hatte er etwas auszusetzen. Es kam so weit, daß unsere Ehe durch ihn Risse bekam. Um sie zu retten, mußte ich eine solche schwere Entscheidung treffen. Weil er in den vergangenen Monaten in seinem Groll und Ärger uns immer wieder gedroht hat, er werde sich in einem Altenheim einen Platz sichern, habe ich nun einfach gehandelt. Meine Frau und ich hoffen, daß er uns nicht ewig zürnt und sich bald in dem schönen neuen Heim einlebt, dort Freunde findet und auch wieder den Zugang zu uns. Natürlich werden wir ihn regelmäßig besuchen und unsere Pflicht an ihm erfüllen.« Der Sohn meinte es nach unserer Erkenntnis wirklich aufrichtig. Aber genügt es, daß er an dem alten Vater seine Pflicht erfüllt?

Ich erhalte viele Briefe von meinen Lesern aus dem In- und Ausland. Junge und alte Leute schreiben mir, berichten von Erlebnissen, fragen mich um Rat und erfreuen mich, indem sie mich an ihrem Erleben teilnehmen lassen. Sie sagen mir, daß meine Bücher ihnen Trost, Ermutigung und Hilfe geworden sind. Dabei bewegt mich das Schicksal der alten Menschen meist besonders.

Da schreibt eine ältere Dame aus der Schweiz unter anderem folgendes: »Sie wissen ja, Frau Sauter-Dreisbach, daß mein Mann ganz plötzlich gestorben ist, nachdem wir erst ein halbes Jahr verheiratet waren. Das schwerste für mich war, daß ich nun wieder ganz allein dastand, nachdem ich, um im Alter nicht einsam sein zu müssen, erst sehr spät geheiratet habe. Aber kurze Zeit nach dem Todesfall erkannte ich, daß ich mich als Christin nicht der Trostlosigkeit hingeben darf, sondern gefordert bin, etwas dagegen zu tun.

Ich hielt es für sinnlos, die große Wohnung für mich allein zu behalten und meine Zeit damit auszufüllen, die Zimmer zu putzen und mir das Essen zu kochen. Ich bat Gott, mir trotz meines Alters eine Aufgabe zu geben. Sie wissen ja, daß ich nicht mehr weit von meinem achtzigsten Lebensjahr entfernt bin. Ich sprach mit einer befreundeten Dame, die in einem neuen, schön gelegenen Altersheim lebt, über meine Probleme. ›Komm doch zu uns‹, riet sie mir. ›Dann bist du nicht allein. So wie ich dich kenne, brauchst du vor allem den Umgang mit anderen Menschen und eine Aufgabe an ihnen. Hier hättest du dazu Gelegenheit.‹«

Ich entnahm diesem Brief weiter, daß Frau F., die vor ihrer Eheschließung einige Jahre lang in einer Großstadt selbst ein Heim für obdachlose Frauen geleitet hatte, sich dazu entschlossen hatte, in dieses genannte Altenheim zu ziehen, als dort ein Zimmer frei wurde. Allerdings mußte sie sich sehr einschränken, weil man ihr nur einen, wenn auch schönen großen Raum zur Verfügung stellen konnte. Sie sah in der Umstellung jedoch nicht das Negative, sondern vor allem die Gelegenheiten, die sich ihr in diesem Heim boten.

In ihrem Brief erzählt sie weiter: »Die Heimleiter, ein sehr nettes älteres Ehepaar, sind sehr freundlich zu uns Mitbewohnern. Sie bemühen sich auch um persönlichen Kontakt mit den einzelnen.«

Dann zählt Frau F. in ihrem Brief alle Vorzüge des Heimes auf: Der schöne, gepflegte, parkähnliche Garten, in dem jeder von den älteren Leuten, der es wünschte, ein eigenes Gartenbeet bekommen kann, um es zu bepflanzen und sich daran zu erfreuen. Frau F. berichtet von Veranstaltungen:

Konzerte, Filme, Lichtbildvorträge, Gymnastik und anderes. »Gemeinsame Ausflüge werden unternommen und regelmäßig finden Gottesdienste statt. Die Verpflegung könnte auch nicht besser sein. Es geht mir gut, und ich habe nur zu danken. Und was mir als Christ wichtig ist: Ich habe keine Zeit, meinem Alleinsein nachzutrauern. Es gibt hier so manche Gelegenheit, anderen einsamen und kränklichen Alten Freundlichkeiten zu erweisen und ihnen Gutes zu tun. Ich bin also im Alter nicht ohne Aufgaben. So gibt es Besorgungen zu machen für solche, denen es selbst nicht mehr möglich ist, oder einen Brief zu schreiben für jemand, der damit nicht mehr zurechtkommt, und anderes mehr. Ich halte es für gefährlich, sich nur mit sich selbst zu beschäftigen und sich in Selbstmitleid zu ergehen.«

Gerne habe ich meinen Lesern durch dieses Beispiel gezeigt, daß es auch frohe und dankbare Menschen im Altenheim gibt. Keineswegs möchte ich damit sagen, daß man überall solche positiven Verhältnisse vorfindet, wie es hier der Fall ist. Allerdings sollten sich alte Menschen auch darüber Gedanken machen, was sie selbst dazu beitragen können, um dem Aufenthalt in ihrer neuen Umgebung auch gute Seiten abzugewinnen.

Ich denke zum Beispiel an einen alten Herrn, der auf jeden Fall seine Geige mitnahm, als er in ein Altenheim umsiedelte, um durch sein Spiel sich selbst und andere zu erfreuen.

Aus einem anderen Brief, der mich erreichte, entnehme ich folgendes: »Fast vierzig Jahre habe ich nun in meinem Haus gewohnt, das ich zusammen mit meinem Bruder von meinen Eltern erbte. Mein Bruder verzichtete damals darauf, mit seiner Frau und den vier Kindern darin eine Wohnung zu beziehen. Eines Tages jedoch teilte er mir völlig unverhofft mit, daß er sich umständehalber entschlossen habe, die ihm zustehenden Räume nun doch mit seiner Familie zu beziehen. Ich muß Ihnen ehrlich sagen, daß ich über diese

Nachricht erschrocken war, so sehr ich meinen Bruder liebe! Aber das Wohnrecht steht ihm ja zu. Seine Frau drängte. Sie wollte so schnell wie möglich umziehen.

Ersparen Sie mir zu schildern, welche Probleme für mich entstanden. Fast das ganze Haus mußte umgeräumt werden. Es war gar nicht so einfach, alle Möbel unterzubringen. Ich mußte einige davon verschenken, um Platz zu schaffen. Das größte Problem lag aber auf einem ganz andern Gebiet: Jahrelang hatte ich als Sprachlehrerin in dem Haus Schüler, vielfach Erwachsene, unterrichtet. Selbst in meinem Alter konnte ich dies noch tun. Nun kam mein Bruder mit seiner Frau und vier lebhaften Kindern, die wie die Wilden durch das Haus tobten. Ich will sie gar nicht unerzogen nennen, obgleich die Eltern meiner Meinung nach manches hätten untersagen können. Die Kinder waren es einfach nicht gewöhnt, auf andere Rücksicht zu nehmen. Meine Schwägerin erwiderte auf meine Frage, ob die Kinder sich nicht etwas ruhiger verhalten könnten: ›Du hast eben nie eigene Kinder gehabt. Man merkt, daß du unverheiratet bist.‹ Ich wußte, sie hätte am liebsten gesagt: ›Man merkt, daß du eine alte Jungfer bist.‹

Zwar hatte ich nur noch wenige Schüler, aber der Lärm war ihnen zu groß. Sie blieben weg. Die Familie nahm immer mehr Besitz von dem ganzen Haus. Ich aber wurde immer einsamer. Kurzerhand suchte ich mir eine andere Wohnung. Denken Sie, nachdem ich so lange im eigenen Haus gewohnt hatte! Nun lebe ich hier in drei Zimmern in einer mir so gut wie unbekannten Gegend, in der ich keinen Menschen kenne, und fühle mich hier sehr fremd. So sieht mein Lebensabend aus! Ich will gewiß nicht klagen; aber worauf habe ich jetzt noch zu warten?«

Ich besann mich und fragte allen Ernstes, wie kann ich nur in diesem Fall trösten und helfen? Mir war klar, daß ich nicht zögern durfte und dieser alten Dame schnellstens antworten mußte. Sie konnte in ihrer Situation nicht allein gelassen werden. Aber ob es ihr half, wenn ich versuchte, ihr Mut zu machen und ihr riet, sich am neuen Wohnort einen neuen Freundeskreis zu schaffen, neue Verbindungen anzuknüpfen und in der Kirchengemeinde nach neuen Kontakten Ausschau zu halten? Altersnöte!! Wie hilflos steht man ihnen doch oft gegenüber!

Bei einem solchen Dienst wird man nicht immer mit einer dankbaren Reaktion des alten Menschen rechnen können, dem man Hilfe oder Rat zukommen lassen möchte. Oft stößt man dabei sogar auf Widerstand oder Ablehnung, zumal, wenn der Betreffende unter Umständen nicht mehr imstande ist, die Beweggründe derer zu erkennen, die ihm Gutes tun wollen.

Ich denke da an folgendes Beispiel: Ein uns verwandtes Ehepaar besucht seit Jahren eine Dame, die in einem Altenheim lebt und sowohl körperlich als auch geistig immer mehr abbaut. Diese Frau war einst hoch intelligent, stand im Berufsleben an verantwortungsvoller Stelle und nahm bis ins hohe Alter hinein an allem Geschehen rings um sie her regen Anteil. Es ist für den Bruder meines Mannes und seine Frau schmerzlich und zugleich erschütternd, bei ihren regelmäßigen Besuchen feststellen zu müssen, daß diese Dame sie zeitweilig nicht mehr erkennt, ihnen wie eine Fremde gegenübersitzt; sie tut und redet manches, was in früheren Zeiten nie vorgekommen wäre, obgleich sie seit Jahrzehnten befreundet sind.

Ist es da noch sinnvoll, immer wieder die beschwerliche Reise auf sich zu nehmen, zumal dieses Ehepaar auch nicht mehr jung ist? Sind alle Bemühungen, die Kranke zu erfreuen, nicht vergebens? Aber diese beiden Menschen warten nicht auf ein Echo oder auf einen Dank. Sie sehen den Dienst an dieser hilflos gewordenen Frau als Auftrag von Gott an. Diesem nachzukommen bedeutet ihnen nicht nur Pflichterfüllung, sondern Freude.

Noch ein Erlebnis mit alten Leuten möchte ich hier berichten und von einem Ehepaar erzählen, das jahrelang im Missionsdienst in China tätig war. Als die damals jugendliche Schwester meines Mannes einen Heiratsantrag von einem Missionar aus China erhielt, den sie in ihrer Heimat als einen treuen, Gott hingegebenen Menschen kennengelernt hatte, ahnte sie nicht, was auf sie beide zukommen würde, nachdem sie ihm ihr Jawort gegeben hatte. Nach der Teilnahme an einer Bräuteschulung im Missionshaus Bad Liebenzell reiste sie mit einer anderen Missionars-Braut nach China. Dort erlebte sie an der Seite ihres Mannes glückliche, aber auch beschwerliche Jahre im Missionsdienst. Nach ihrem ersten Heimaturlaub, den sie mit ihrem Mann und ihren zwei ältesten Kindern bei ihren Eltern zubrachte, durfte die Familie nicht mehr nach China zurückkehren, weil dort inzwischen keine Missionare mehr zugelassen wurden. Später wurde der bisherige Chinamissionar in den landeskirchlichen Dienst als Pfarrer übernommen. Inzwischen steht er im achtundachtzigsten Lebensjahr und wohnt mit seiner jetzt einundachtzigjährigen Frau im Hause der jüngsten Tochter.

Beide sind körperlich angeschlagen und haben mehr oder weniger unter Altersbeschwerden zu leiden. Aber ihre Hingabe an Gott und der Glaube an seine Zusagen sind das Element ihres Lebens geblieben. Sie genießen es dankbar, von ihrer Tochter und deren Mann liebevoll umsorgt zu werden, besonders da, wo ihre eigenen Kräfte nachlassen. Ihre vier weiteren Kinder kommen sie besuchen, so oft sie die Möglichkeit haben, oder laden die alten Eltern ein, Tage oder Wochen bei ihnen zu verbringen.

Wenn wir beisammen sind, leuchtet in unseren Gesprächen immer mehr die lebendige Hoffnung der Zukunft auf. Uns ist unvergeßlich, was der alte Pfarrer kürzlich sagte: »Wir kommen dem ewigen Ziel immer näher, und oft werfen wir Alten schon einen Blick hinüber auf die andere Seite.«

Hier verstummt die Frage: Worauf warten wir?

Die Hoffnung der Zukunft ist die Kraft der Gegenwart.

Auch diese beiden betagten Menschen gehören zu denen, die bestätigen können: »... aber die Freude bleibt!«

Seit einigen Jahren kommt von Hamburg ein Prediger zu uns ins Berghaus St. Michael, um für unsere Gäste eine Freizeit zu gestalten. Ich erinnere mich, daß er beim letzten Mal, nachdem er zu seinem Thema einige passende Bibelabschnitte gelesen hatte, seine Zuhörer anregte, sich selbst die Frage zu stellen: »Geht das etwa mich an? Bin ich damit gemeint?«

In diesem Buch habe ich in der Hauptsache von persönlichen Erlebnissen erzählt. Genauso ist es ja auch in meiner Autobiographie »... als flögen wir davon«. Darin habe ich über eine Zeitspanne von sechzig Jahren geschrieben. Dieses mein wohl letztes Buch »... aber die Freude bleibt« berichtet vor allem von Erlebnissen der letzten dreiundzwanzig Jahre. Es will nichts anderes aussagen als das, was ich im Dienste Gottes und in der Nachfolge Christi erlebt habe. Seit meiner Jungmädchenzeit hat sich mein Dasein aus lauter Begegnungen mit Menschen zusammengesetzt, die mir von Gott zugeführt wurden. Daran wollte ich auch jetzt meine Leser teilnehmen lassen. Vielleicht sollte sich jeder von Ihnen ebenfalls fragen: »Geht das etwa mich an? Bin ich damit gemeint?«

Wer von uns hätte nicht immer wieder mit alten Leuten zu tun. Vielleicht gehören wir gar selbst zu ihnen. Oder sind in unserem Lebenskreis nicht auch Kranke, Mutlose, ja Verzweifelte, die aus der Not ihrer Depressionen allein nicht mehr herausfinden? Wir alle haben mit gläubigen und ungläubigen Menschen, also mit Christen und Nichtchristen, zu tun, oft auch mit Kindern. Dazu wollte ich mit diesem Buch Denkanstöße geben, Anregungen zu segensreichen Begegnungen von Mensch zu Mensch.

Seitdem nun mein Mann und ich von Eybach ins Berghaus St. Michael zurückgekehrt sind, vergingen mehr als dreieinhalb Jahre. Wie wunderbar sind doch die Führungen Gottes! Das kann jeder, der mit ihm rechnet, bestätigen. Es muß nicht immer etwas Außergewöhnliches geschehen. Und doch ist jeder Tag als eine Besonderheit anzusehen, die in uns immer wieder neu Staunen und Danken hervorruft. Es muß keineswegs ein Haus wie dieses sein, in dem mein Mann und ich längst wieder heimisch geworden sind und in das immer wieder Menschen einkehren, die alle ihr eigenes Schicksal mitbringen. Natürlich hat man in einem Erholungsheim ständig eine Fülle von neuen Erlebnissen, die den Blick und die Erfahrung weiten.

Dabei fällt mir immer wieder auf, wie die Menschen, denen wir hier begegnen, es wohltuend empfinden, daß wir bemüht sind, an ihrem Alltagsgeschehen teilzunehmen. Es bedarf oft nicht viel mehr, als daß man in Herzlichkeit nach ihrem Ergehen fragt und Verständnis für ihre Lebenssituation aufbringt. Besonders die Alleinstehenden und Einsamen sind dafür dankbar. Darin sehen wir einen Auftrag Gottes. Ich kann verstehen, wenn ein ungläubiger Mensch behauptet, das alles nur schwer begreifen zu können, und er fragt: Wie soll man darin einen Auftrag Gottes erkennen? Hier geht es in der Tat um ein Geheimnis, das nur dem zugänglich ist, der die Macht des Gebets kennt, dem die Verbindung mit Gott und das Wirken des Heiligen Geistes nicht fremd sind. Menschen, die zu diesen unsichtbaren Kräften kein Verhältnis haben, werden auch mit den Menschen, von denen ich in diesem Buch berichte und deren Schicksale ihnen vielleicht unbedeutend vorkommen, nichts anzufangen wissen. Sie mögen das Buch ruhig beiseite legen, wenn ihnen darin Sensationen fehlen. Wer aber bemüht ist, zu anderen Menschen Kontakt zu finden, und das, weil er in ihnen solche sieht, die ihm von Gott in den Weg gestellt wurden und an denen er eine Aufgabe zu erfüllen hat, der kann mit den Erlebnisberichten vielleicht etwas anfangen. Auf alle Fälle versteht er sie.

Bei dem Hinweis auf das Wirken des Heiligen Geistes kam

mir ein Erlebnis in den Sinn, daß mein Mann und ich vor noch nicht langer Zeit mit einem sechzehnjährigen, aufgeschlossenen Mädchen hatten. Wir freuten uns darüber, daß es uns lebhaft berichtete, es sei als Helferin im Kindergottesdienst tätig. Es leite eine Gruppe und habe vertretungsweise zusammen mit einer Freundin auch schon den ganzen Kindergottesdienst gestalten dürfen. Es hatte sich zur Teilnahme am Kirchentag gemeldet. Im Laufe des Gesprächs sagten wir ihm, daß es mit offenen Augen und wachem Herzen, nicht aber kritiklos auf sich einwirken lassen sollte, was dort den Tausenden von Menschen angeboten werde. Solchen großen Veranstaltungen gegenüber dürfe man ruhig kritisch sein, damit man erkenne, was wirklich wertvoll ist und was vom Wesen des Christseins abweicht.

»Das will ich mir vornehmen«, erwiderte das junge Mädchen. »Ich bin nämlich schon von meinem Wesen her ziemlich kritisch.«

Wir kamen noch einmal auf ihren Dienst im Kindergottesdienst zu sprechen.

»Erhaltet ihr gewisse Anweisungen, worüber ihr zu den Kindern sprechen sollt?«

»Ja«, sagte es und fuhr in seiner forschen Jungmädchenart fort: »Aber manchmal sind sie schon blöd.«

»Wieso?« wollten wir wissen.

»Na ja, wie sollen wir jungen Helferinnen den Kindern erklären können, wer oder was der Heilige Geist ist?«

Nachdem ich darüber einige Augenblicke nachgedacht hatte, erwiderte ich: »Ich kann gut verstehen, daß ihr da überfordert seid. Wie habt ihr euch denn zu helfen gewußt?«

»Wir haben eben eine andere biblische Geschichte erzählt.«

»Die Frage nach dem Heiligen Geist kann man nicht so ohne weiteres beantworten«, fuhr ich fort. »Da sind sogar manche Pfarrer überfordert, besonders solche, die meinen, derartige Fragen mit dem Verstand beantworten zu können. Ich will dir sagen, wie ich dieses Thema den Kindern erklären würde. Es geht ja um die Dreieinigkeit. Die kann man auch nicht mit dem Verstand erfassen.

Da ist zuerst Gott, der Vater. Er hat die Welt geschaffen und alles, was existiert. Gott, der Allwissende, der Heilige, der Allmächtige.

Er ist der *Gott über uns.*

Dann kommt die zweite Person: Gott, der Sohn, Jesus Christus, der vom Vater zur Erlösung der Menschheit auf diese Erde gesandt wurde und der für uns am Kreuz starb. Damit hat er uns von unserer Sünde befreit, uns von der Macht des Bösen errettet – also

Jesus, der *Gott für uns.*

Nun die dritte Person: Gott, der Heilige Geist. Er ist vom Himmel auf diese Erde gesandt worden, um in uns Wohnung zu nehmen, um unser Lehrmeister zu sein und uns zu zeigen, wie wir durch Jesus zu Gott, dem Vater, gelangen können. Der Heilige Geist, der uns tröstet, der in uns wirkt und uns das Zeugnis gibt, daß wir Gottes Kinder sind.

Der Heilige Geist, *Gott in uns.*«

Ich könnte mir denken, daß dieses aufgeschlossene junge Mädchen, dem es wichtig ist, sich für die Sache Gottes einzusetzen, eine Weile brauchen wird, bis es diesem Gedankengang näher kommt. Aber auch hier gilt: Dem Aufrichtigen läßt es Gott gelingen.

Daß bleibende Freude eine besondere, fast überirdische Freude ist, hat mir der letzte Brief von Frau Martl Lang an die Freunde ihres Hauses erneut klargemacht. Darin schreibt sie unter anderem:

»Es war an einem Sontag. Ich ging nach dem Gottesdienst an das Grab meines lieben Mannes. Unser kleiner Friedhof liegt unmittelbar neben der Oberböhringer Kirche. Der Kindergottesdienst war um diese Zeit auch schon zu Ende. Unsere Mädchen und Jungen vom Kinderheim kamen am Friedhof vorbei. Da beugte sich eine unserer Zehnjährigen, die Papa Lang noch gekannt hatte, über die niedrige Friedhofsmauer, schaute auf das Grab meines Mannes, dann auf mich und sagte: ›Aber nicht wahr, Mama Lang, du bist trotzdem immer noch glücklich?‹

Das gab einen kleinen Stich in mein Herz. Bin ich – trotzdem – immer noch glücklich? Ich wußte, meine Antwort war nicht unwesentlich für das Kind wie auch für mich. Kurz prüfte ich mich selbst. Wenn ich ehrlich bin – und das will ich sein –, so glücklich wie zusammen mit Papa Lang bin ich nicht mehr. Aber – bin ich unglücklich? Kann ich vor Gott sagen, daß ich nach allem, was ich an Freude, an Hilfe, an neuen Erkenntnissen in den vergangenen Jahren – den Jahren ohne meinen Mann – erfahren habe, unglücklich bin? Nein, unglücklich bin ich auch nicht! Das zu behaupten wäre Undankbarkeit.

Auf einmal wurde es mir klar, und ich konnte dem Kind auf seine Frage antworten: ›Ja, ich bin immer noch glücklich, aber es ist eine andere Art von Glück!‹ Ich selbst war froh, das in diesem Augenblick so klar erkannt und auch ausgesprochen zu haben: ›Eine andere Art von Glück.‹«

Nichts anderes ist gemeint, wenn wir davon reden: »Aber die Freude bleibt.« Auch hier handelt es sich nicht um eine irdische, dieseitige Freude, sondern um die Freude, die von Gott selbst gewirkt wird.

Ich beschließe mein Buch »... aber die Freude bleibt« – blättere noch einmal in den Manuskriptseiten und begegne darin einer Anzahl von lieben Bekannten, Freunden – jungen und alten, frohen und freudlosen. Da steigt in mir plötzlich die Frage auf: Wer von ihnen gehört nun eigentlich zu denen, die bestätigen können: Ja, so ist es in Wahrheit: Die Freude bleibt! Sie bleibt trotz allem, was ich auch an Schwerem und an Enttäuschungen erlebt habe. Sie reicht weiter.

Vielleicht stellt einer meiner Leser im Zusammenhang mit dem Titel dieses Buches fest: »Aber Sie haben in der Hauptsache von traurigen oder belasteten Menschen geschrieben. Was fangen diese mit dem Buchtitel an?«

Ich antworte: »Gerade an solche richten sich meine Worte.

Gerade die möchte ich erreichen und ihnen den Weg zur Freude zeigen, die es bei aller Freudlosigkeit in ihrem Dasein verlernt haben, sich der bleibenden Freude zu öffnen. Gerade die meine ich, in denen jedes Warten auf etwas Frohmachendes erloschen ist.«

Aber die Freude bleibt! Diese Aussage ist schon von vielen Menschen erprobt und bestätigt worden. Was ist das für eine Freude, die bleibt? Nur die, die in Zusammenhang mit dem »Du« zu bringen ist, das Gott uns in Jesus Christus anbietet, durch den er unser Vater geworden ist.

Alles, alles Irdische vergehet,
Blume welkt, der Wind darüber wehet.
Wer in dir die Heimat hat gefunden,
rühmt es laut und preist zu allen Stunden:
Du – du aber bleibest!

Sehr wichtig ist mir der 28. Vers in Psalm 73: »Das ist meine Freude, daß ich mich zu Gott halte und meine Zuversicht setze auf Gott den Herrn, daß ich verkündige all dein Tun!«

Auch die Aussagen dieses Buches sollen Verkündigung sein. Wie würde ich mich freuen, wenn meine Leser das erkennen.

Unlängst las ich einen Ausspruch, dem ich nachdenken mußte: »Bücher sind zuweilen wie eine Herberge, in der man rasten kann.«

Wenn dieses Buch für den einen oder anderen zu einer Herberge werden könnte – wie meine bisherigen Bücher auch, die ich im Laufe von dreiundfünfzig Jahren geschrieben habe –, dann hat Gott meine schriftstellerische Arbeit gesegnet! Dann wurde Gabe zur Aufgabe. Weitergeben zu können, was mir selbst gegeben worden war, das hat mich reich und froh werden lassen, so daß ich noch im hohen Alter bezeugen kann: »... aber die Freude bleibt!«

. . . als flögen wir davon

268 Seiten, Geschenkband, Bestell-Nr. 12628

Die bekannte und erfolgreiche Schriftstellerin erzählt hier humorvoll und spannend von ihrem Weg. Eine Fülle des Erlebens umfängt den Leser: die fröhliche Kindheit, durchsonnt von der Liebe und geprägt von dem Vorbild der Eltern, in der die lustigen Streiche und heiteren Erlebnisse nicht fehlten; die Reifezeit, überschattet von schmerzhafter, langer Krankheit; später der Dienst in der Heilsarmee an Verlassenen und Verlorenen. Schließlich öffnet Gott die Türen, damit Elisabeth Dreisbach dem doppelten Ruf, der ihr geworden ist, Folge leisten kann: heimatlosen Kindern Mutter zu sein und mit der Feder den Menschen ein Stück Evangelium im Gewand der Erzählung nahezubringen. Im »Berghaus St. Michael«, einem inzwischen weit bekannten Erholungsheim, haben viele Menschen unter Gottes Wort und durch ihre seelsorgerische Tätigkeit Hilfe und Kraft empfangen.

Wie reich ein Leben sein kann, das unter der Leitung Gottes steht, wird dem Leser in diesem Buch eindrücklich vor Augen geführt. Darüber wird er allerdings auch des anderen bewußt, was der 90. Psalm bezeugt und was von der Autorin ihrer Biographie als Titel vorangestellt ist: »Unser Leben fähret schnell dahin, *als flögen wir davon.*«

Folgende Erzählungen von Elisabeth Dreisbach sind als Taschenbuchausgaben lieferbar:

1 Herz zwischen Dunkel und Licht
2 Es wird ein Schwert durch deine Seele dringen
3 Ganz wie Mutter
4 Heilige Schranken
5 ... und alle warten
6 Wenn sie wüßten ...
7 Glied in der Kette
8 Steffa Matt
9 Die Lasten der Frau Mechthild
10 Des Erbguts Hüterin
11 ... und dennoch erfülltes Leben
12 Der dunkle Punkt
13 Die Versuchung der Chiara Frohmut
14 Große Not im Kleinen Kaufhaus und anderes
15 ... und haschen nach Wind
16 Was dein Herz wünscht
17 ... und keiner sah den Engel
18 Lisettens Tochter
19 Du hast mein Wort
20 ... daß Treue auf der Erde wachse
21 Alle deine Wasserwogen
22 Die zerrissene Handschrift
23 In Gottes Terminkalender
24 Kleiner Himmel in der Pfütze
25 Eine Hand voll Ruhe
26 Das verborgene Brot
27 Was dir vor die Hände kommt
28 Ich aber meine das Leben
29 Liebe ist immer stärker

CHRISTLICHES VERLAGSHAUS GMBH STUTTGART